# 决胜中层

## 企业中坚的职场指南

朱坤福 ◎ 著

台海出版社

图书在版编目（CIP）数据

决胜中层：企业中坚的职场指南／朱坤福著. —
北京：台海出版社，2020. 12
ISBN 978-7-5168-2784-0

Ⅰ. ①决… Ⅱ. ①朱… Ⅲ. ①企业管理-指南 Ⅳ.
①F272-62

中国版本图书馆 CIP 数据核字（2020）第 208937 号

**决胜中层：企业中坚的职场指南**

著　　者：朱坤福

出 版 人：蔡　旭　　　　　　　　　封面设计：新联网传媒有限公司
责任编辑：王慧敏

出版发行：台海出版社
地　　址：北京市东城区景山东街 20 号　　　邮政编码：100009
电　　话：010-64041652（发行，邮购）
传　　真：010-84045799（总编室）
网　　址：www. taimeng. org. cn/thcbs/default. htm
E － mail：thcbs@126. com

经　　销：全国各地新华书店
印　　刷：廊坊市瑞德印刷有限公司
本书如有破损、缺页、装订错误，请与本社联系调换

开　　本：710 毫米×1000 毫米　　　1/16
字　　数：247 千字　　　　　　　　　印　　张：17. 75
版　　次：2020 年 12 月第 1 版　　　印　　次：2020 年 12 月第 1 次印刷
书　　号：ISBN 978-7-5168-2784-0

定　　价：59. 00 元

# 前　言

如果将企业比作一个人，最高决策管理层就好比头脑，决定前进的方向，基层员工则是脚踏实地的双足。但仅有"头脑"和"双足"还是不够的，必须要有一个承上启下的"腰"，也就是贯彻执行决策意图和指挥具体操作的中层管理层。人的脊梁正，身体才健康；企业的"腰杆硬"，生意才能蒸蒸日上。无奈的是，现在的企业中普遍有一种"中层危机"，反映的就是当前大多数企业缺少成熟的中层领导、企业管理者"腰杆"不硬的现状。

中国民营企业的发展，往往三年是一个槛儿，就在于从直接管理变成间接管理这个阶段，很难跨越。"腰"不够硬，不能让大脑的指令顺利传达到末梢神经，机体就无法正常动起来。企业高层领导者把权力交给中层，中层的能力却不够，在基层就很难形成一种高效的工作状态。久而久之，企业文化的建设也会受到损害，最终将极大影响企业发展。

那么，怎样的中层才算"硬"？这还要结合"中层"的工作性质来说。

第一，中层管理者在企业中一方面起到将高层决策向基层进行推行的作用，也负有将基层在实施过程中发现的问题向高层管理者进行反馈的职责。一个合格的中层领导，应该摆正自己的位置，在"上下"之间做好承接工作。

第二，企业的成功取决于正确的决策与有效的执行，二者缺一不可。中层管理者处在中间位置，是决策的主要执行人，所以，中层管理者的办事能力、执行能力等"动手"的基本功必须扎实。

第三，企业中的中层管理者不仅要严格地执行和组织实施企业高层的战略决策方案，还要发挥其作为中层领导的影响力，通过制定有效的战术决策，提高方案的实施效率和效果，又好又快地实现企业的目标。

第四，一个好的中层领导，不但要自己能干，更要会给自己的下级下命令，会"传帮带"，把当年师傅教自己的本事再教给手下人。如果不具备这种管理的基本素质，就称不上一个过硬的中层。

第五，中层是阶梯高层的重要人选，很多企业管理者会在企业内部选拔自己的接班人，是否能够"多年媳妇熬成婆"也是大多数中层领导最关注的问题。四平八稳的中层是称职的，但是绝对不过硬，好的中层不仅仅是"腰"，还是"骨干"，具备无限潜力，是可以担当重任的后备人选。

当然，在中层管理者的评价上，理论总结容易，实际操作很难，因为企业发展阶段不同，需要的中层数量、质量、侧重点也有不同。企业创业开拓阶段，缺少的是能尽快带来利润的销售、项目管理人员，也就是能创造第一桶金的人；企业高速成长阶段，缺少品牌创意宣传、内部管理、市场公关人才；企业稳定发展阶段，缺少执行、战略创新人才。所以，企业领导要根据自身情况，有针对性地护理自己的"腰"。

本书从成为一个优秀的中层管理者需要的能力出发，分为角色定位、素质修炼、摸清上情、低调做人、团队建设、妙用激励、学会授权、高效执行、同级协调、顺利晋升等十个方面进行了深入剖析，阐述了从中层到中坚需要具备的素质和工作技巧，是一本中层进修指南，既适合中层管理人员学习阅读，也适合基层员工培养领导力。本书语言通俗易懂，事例形象生动，理论与实践相结合，能够帮助广大的企业老板、企业高层切实解决管理的问题，让管理者能够用最短的时间、最有效的方式为自己打造出一支有战斗力的中层团队，并借助卓越的中层力量把企业推向成功的巅峰。

朱坤福

2020 年 11 月于朱氏药业集团总部

# 目　录

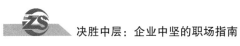

# 第一章　角色定位：承上启下，
## 　　做好企业的中流砥柱

　　自古以来"在其位，谋其政"，只有找准"位置"才能"谋政"，并在"谋政"中发挥最大潜能，取得成绩，实现自身价值。中层管理者作为企业的中坚和"脊梁"，其重要性是不言而喻的。作为中层，要明其角色，定其职位，行其职责，才能"有为"。

# 基层军官是军队的灵魂，中层领导是公司的脊梁

所谓的企业管理，包括对企业的生产经营活动进行组织、计划、指挥、监督和调节等。对于一个企业而言，不管是处于高速发展的时期，还是处于经济衰退的阶段，都有这样一群人始终负责执行企业的战略，推行组织变革，并带领员工积极参加企业的各项建设，这群人就是企业的中层管理者。

中层对于企业到底有什么作用？这个问题乍一看似乎很难回答。因为这个世界上的中层职位多如牛毛，在不同企业中的不同中层职位所负责的业务范围也各有不同。然而，如果从企业管理和企业组织结构的角度来看，无论是什么样的职位，中层管理者的作用都是沟通上下级，为高层领导排忧解难和分担压力，带领基层员工做好具体的工作。

假如把一家公司的老板比作军队中的元帅，把公司的总经理比作军长和师长的话，那么，中层领导者就好比连长和排长。在作战的时候，中层领导者既要积极贯彻上层下达的作战指示，还要身先士卒，率先冲锋，为自己手下的士兵树立榜样。在一支军队中，基层军官就是中流砥柱，而在一家公司，中层领导就是脊梁。

王旭是山东朱氏堂医疗器械有限公司的销售部经理，他之前曾在其他公司创造过非常好的销售业绩，有很强的个人能力。他入职该公司以来就一直没闲下来，十分努力地工作，整天忙个不停，却把整个部门的人都晾在一边。

老板非常信任王旭，这次又交给他一个重要的谈判任务。"这个客户为人十分谨慎，谈判是明天下午两点开始，我们只有1个小时的谈判时间。这个客户每年和我们公司签的订单金额在千万以上，所以哪怕对方的条件再苛刻，我们也要

全力争取。你可千万不要把我这个大客户给弄丢了，你在去之前，准备工作要多做一些。"老板在给王旭布置任务的时候，不厌其烦地反复交代。

接到老板的任务后，王旭激动不已，拍着胸脯向老板保证："是！老板，您尽管放心好了，这订单我肯定给您拿回来。"

王旭立即开始花费大量的时间去研究客户的背景资料，有些完全可以安排给下属做的工作，他却全都大权独揽，不让他人插手。他手下的员工看着自己的领导整天忙得不亦乐乎，自己却闲着，觉得主管完全不信任自己，心里既不安又愤愤不平。

一天，王旭接到了一通电话："您好！有一笔订单很想与贵公司合作，不知道您明天下午两点是否有兴趣来谈谈，价钱不成问题。"王旭放下电话后一琢磨，如果自己能拿下比老板那个客户更大的单子，老板一定会更开心的！于是，第二天王旭没有按照原定计划去见老板给他指定的客户，而是临时改变主意，去见了给他打来电话的那个客户。可遗憾的是，这位客户虽然在价格上表现得很爽快，可最终却还是因为对货物不满意而没能成交。

现在，王旭的大脑一片空白，不知道该如何向老板交代才好……

在上面的案例中，王旭作为公司的中层，至少犯了两个错误。首先，他擅自改变了老板亲自制订的工作计划，虽然他的初衷是为公司谋取利益，然而，如果一支军队的将军违背主帅的作战方略，擅自行动，不管立了多大的功劳也要受到军法的处罚。因此，王旭的行为是不能原谅的。其次，王旭没能尽到管理团队和部属的职责。中层是高层领导委任的管理者，同时也是高层在基层的代言人，所以，在老板授权给他的同时，王旭有责任也有义务把工作分配给自己的下属，让整个部门正常运转起来。

换句话说，身为中层领导者应该明确自己的管理范围，把自己部门的工作合理安排好。有时候为了组织工作的需要，为了提高工作效率，还需要对本部门员工进行培训和锻炼，以提高整个团队的办事效率，不能凡事亲力亲为。

在管理学中有个说法叫"替身原理"，它是指上下级之间的特殊关系。比如老板授权给中层干部代为处理事务，此时中层管理者就应该坚决执行老板的决议。即使在执行的过程中情况出现了变化，或是有了自己的不同意见，在没有禀报上级和老板，做出应对策略之前，都不应该有任何差池。对于上级做出的决策，中层管理者应该坚决执行，切忌无视老板的初衷自作主张。因为老板既然授权给中层，那么老板就是委托方，中层则是代理方，对委托方的意愿就应该给予充分的尊重，这也是对老板高度负责的表现。

总之，身为中层管理者，不但要做到"上情下达"或"下情上报"，而且还应该及时协调好上下级之间的关系，这样才能更好地为老板和员工服务。只有这样的中层，才会成为企业的中坚力量，才能称得上是公司真正的顶梁柱，赢得老板和高层的赏识。

作为中层，对上，我们要以企业利益为工作的目的；对下，要以满足员工的基本利益为目标；而对企业，则要从全局出发，为企业寻人才、谋发展，做企业管理的"缓冲带"。

## 中层最主要的责任，就是达成上司想要的目标

中层领导最重要的工作职责是什么？

对于这个问题，不同职位的中层领导者会有不同的答案。例如：管理部门员工；完善公司的架构，保证公司稳定运行；带领下属团队

提升业绩，为公司创造更大的利润……

其实，身为一名中层管理者，面对这个问题首先要搞清楚的一点是：你的领导想要做什么，他的最终目标是什么，以及他的企业发展规划和战略是什么。只有把这几个问题搞明白，你才不会徒劳无功。

你的上司是比你更高一层的决策者，整个团队的发展战略和发展方向都受他的想法左右，公司整个团队的前景、出路和部门的发展前景都由他决定。所以，你上司的目标应该分解到团队下属的各个分支和团队运作的每一个环节。不管中层管理者具体如何设定这些分解目标，其工作的核心目标最终都应该符合上司的目标。

常言道："上下同心者胜。"企业中层领导者最主要的职责就是尽最大的努力去完成上司想要达成的目标。只有企业的上层决策者和基层执行者的意志相通，保持一致的方向，整个团队才会团结一致、齐心协力，整个企业才会保持旺盛的生命力和顽强的战斗力，在持续的竞争中稳操胜券。于是，企业的中层干部就成了联系和贯穿企业上下层的重要桥梁。这就要求企业的中层必须要彻底弄清上层的意图，并且努力去达成目标。

综上所述，在一家企业里中层领导的重要性不言而喻，中层管理者能否帮助领导达成目标对于企业的发展至关重要。一旦中层领导者的执行内容与上层的决策相背离，那么无论你怎样努力，很可能都会不利于公司和个人的长期发展。

一家企业想要成功，首先要由老板制定一个明确的目标，这样才能协调公司所有员工的活动，并让他们有一个明确的工作方向，从而保证公司制定的所有工作计划都能顺利实行。

所以，企业的每一位员工都应该把公司的总体目标与个人工作的目标相结合，时刻注意与公司的高层保持一致的步调，这样才会使企业建立起一个良好的运行状态。对于企业的中层管理者来说，必须要时刻牢牢把握住老板的目标，朝着老板既定的方向稳步前进，才能把握自己努力的方向，从而更好地为企业创造财富。然而，并不是所有人都明白这个道理，因此给自己带来了一些麻烦。

　　某企业由于运营情况不佳，被上海裕耕生物科技有限公司并购。为了解决公司的销售问题，总裁聘请了一位业绩出众的销售精英来担任企业营销总监，并对其寄予厚望，给了他足够大的权力，希望他可以帮助公司完成预定的利润目标。

　　这位营销总监上任以后，根据他以往的经验，很快就做出了决策：公司当下最需要的是提高市场份额。为了实现这一目标，首先需要强化产品管理。为此，他一厢情愿地制定了一系列以增加大客户为导向的价格策略。然而，他并未认真去了解自己上司的目标，也没去考虑自己设定的部门工作目标是否与公司目标一致。3个月过后，企业的利润率直线下滑，财务状况仍然没有改观，总裁开始给这个营销总监施加压力。可是营销总监一意孤行，他坚信只要扩大了市场占有率，眼前的困境自然会得到缓解，因此他对总裁的警告置若罔闻。到了第二季度，公司的利润率和利润额仍然提不上去，总裁因而收回了价格制定权。营销总监很快就发现自己被总裁架空了，他和总裁的关系开始变得紧张。到了第三季度，这个营销总监就被解雇了。

　　到了这个时候，营销总监才开始反省，他终于明白了：总裁的最终目标并不是改善营销状况，他最迫切的目标是迅速提升利润率。正是由于他未能正确理解这一点，所以在制定目标和开展工作的过程中，背离了总裁的目标，这才导致自己失去了上司的支持。

在以上的案例中，这位营销总监身为一名中层管理者，却犯了最不该犯的错误：他既没有正确地理解上司的目标，也没能制定出既符

合上司意愿，又切合本部门实际情况的工作目标。这些失误最终导致他选择的营销策略与总裁的工作重心背道而驰。

在管理学中有一个"吉格勒定理"，它是指管理者设立一个较高的目标，其意义可能远远超过实现一个低目标。许多中层管理者很容易犯的一个错误就是两眼只盯着销售业绩这个短期目标，对公司高层所制定的公司发展战略目标却视而不见。为了修正这个错误，我们应该对自己的使命做个重新定位，将个人工作与企业战略目标紧密地联系起来：首先要明确了解公司高层的想法，以及公司战略目标的具体背景和含义，并按照上司制定的目标去进行相关准备，调整工作思路，把控具体工作的进度，这样才能取得令上司满意的工作成果。

身为企业的中层领导者，最主要的责任就是尽最大的努力，去达成上司想要达成的目标。否则，中层领导和公司整个目标的背离，对整个公司的发展会起到一定的阻碍作用。

## 别做公司尴尬的"鸡肋"，努力向企业中坚迈进

在企业中，有些人看似很重要，平时什么事都离不开他，但事实上却什么事都做不好。这种人被称为公司里的"鸡肋"。鸡肋的特点就是食之无肉，弃之可惜。这样的人虽有能力，却往往发挥不出来；虽然也能做事，但却总是差点意思。在一个企业里，某些能力平庸的中层，用"鸡肋"来形容可谓十分恰当，因为他们整天在公司里尸位素餐，浑浑噩噩地混着日子。中层管理者是一家公司的中坚力量，特别要警惕不要让自己成为"鸡肋"这样的尴尬角色，不仅要提高自己的能力，还要全身心地投入工作，为公司创造最大的价值。

如果你的努力投入取得了预期的效果，就说明你的能力得到了发挥，是公司举足轻重的一员。然而，如果你的方向搞错了，就无法体现

你的个人价值，哪怕你看上去工作再卖力，别人对你的印象也总是"忙中出错"，久而久之，自然也就难免沦落为公司的"鸡肋"了。

张南是山东皇圣堂药业有限公司的业务经理，他在公司已经是入职五年的老员工了。这天，领导突然把他叫到办公室说："从下周开始你就不用来公司上班了，你被解雇了。"

张南对此表示非常不理解："自从我进公司以来，从来没有迟到或早退的现象，对待工作也兢兢业业，在业绩方面也达到了公司的指标，为什么要解雇我？"

领导回答说："你在现在的岗位上，本来可以为公司赢得更多的业务，但你却不思进取，在满足公司的基本要求以后就止步不前，不能为公司创造赢得市场最大份额的机会，这就是我决定解雇你的理由。"

在一家公司里，"鸡肋"员工有两种，一种是显形的，一种则是隐形的。前者就像一辆没油的汽车在路边抛锚，一望可知；后者则像是一只绵羊闯进了山羊群，如果不仔细观察，就很难发现。

显性"鸡肋"做起事来总是很积极，凡事都会尽百分之百的努力，可往往事倍功半，付出努力后却收不到应有的效果。这样的人算得上是个劳动模范，但是却需要一个有管理经验的上司来带他。试想如果一个中层管理者是这样的人，那注定是会失败的。因为他不能让自己去做正确的事，连自己都管不好，怎么可能管理得好一个团队，把整个部门引向正确的道路呢？如果一个中层管理者成了显形"鸡肋"，那么他几乎不会有什么晋升的机会，更不可能成为一家企业的中坚力量。这样的中层其实是很可悲的，因为他一直在努力地工作，但工作效率之低却令人遗憾。

可是对一家公司而言，隐形"鸡肋"才是最危险的。这样的人其实是有能力的，也可以委以重任，具备优秀的潜质。然而他们没有归属感，自律性极差，思想常常开小差，身体也经常偷懒，因此也从来不肯全身心地投入一件事情。在公司里，他们往往不爱出风头，但也不会让别人抓到什么小辫子，他们的一举一动总会给人一种感觉就是在混日子。他们工作的全部目标只是每个月的那些工资，没有干劲，没有理想，更遑论忠诚和激情。所以，假如你发现自己在工作时只是为了做好本职工作，已经逐渐失去工作的兴趣和激情，那你一定要小心，因为你已经开始出现了成为隐形"鸡肋"的趋势，而且已经失去了立足中层，进而成长为企业中坚的动力。

一个中层如果失去了成为企业中坚的动力是很危险的，因为他已经成了公司中的"鸡肋"人物，这样的人尽管在业绩上还差强人意，然而一旦公司开始加强管理，第一件事就是拿这种人开刀。作为中层管理者，除了要努力工作，让自己的业绩达到最高之外，还要为公司提供最大的价值，即使能力有所欠缺，也应该要抱着一种积极的心态去努力行动。一家公司能否做大做强，也取决于公司里是否拥有这样一批人。

在CCTV《感动中国人物颁奖盛典》的节目里，曾经介绍过一位在港口码头工作的中层管理者孔先生。他在工作中从不懈怠，卖力工作，把身边那些有一技之长的工友都当作自己的老师，努力学习知识，攻克了一个接一个的技术难关。其实，许多工作已经超出了他的职责范围，但他仍然以最高的标准要求自己，勇于承担责任，甘于为公司奉献一切。作为一位中层管理者，在既有能力又没有工作量要求的情况下，孔先生没有把不是他分内的事情抛到一边，放任自己做一个"隐形鸡肋"，而是勇敢地主动承担责任，能做多少就做多少。这样一个卖力为公司工作的人，获此殊荣自然实至名归。

如果你不想成为公司的隐形"鸡肋"，很重要的一点就是去从事自己喜欢的工作。一个人如果能把兴趣与工作融为一体，就能够在工作中发挥最大的才华和潜力，不断地突破自我，在工作中创造奇迹。相反，假如一份工作让你提不起兴趣，总是无精打采，又怎么可能会竭尽全力地去做好它呢？在这样沉闷无聊的氛围里，你会不知不觉地对上司欺瞒事实，对下属狐假虎威，日复一日地得过且过，并逐渐习以为常。久而久之，你就会成为公司里的"鸡肋"角色，高不成低不就。成就卓越，成为中坚，只能是一个遥不可及的梦想。

工作态度决定了中层的工作前景，一个敬业的中层才有可能成为上下都欢迎的"夹心饼"，赢得上司的赏识、同僚的配合和下属的尊重。敬业是职场的立足之本，既要有能力，还要愿意努力工作，你才有可能受到公司上下一致的好评。反之就会像鸡肋一样不上不下，处境尴尬。

## 每一个成功的管理者，实际上都是被管出来的

世界上，谁也不可能天生就是管理者。每一个成功的管理者，其实都是被管出来的。中层既是管理者，同时也是被管理者。他们不仅要带好自己的小团队，而且还要融入整个组织的大团队。这种角色的双重性，决定了中层要想当好管理者，首先必须当好被管理者。

山东东贝医药科技有限公司的副总裁许琨几年前在餐厅吃饭时认识了一名普普通通的服务生，几年后许琨再遇到他时，他已经是一家资产超过几百亿元的某外企的 CEO。当时他正好来国内投资，让许琨有机会与他有了进一步的接触。随着许琨对他了解的深入，他的背景让许琨惊讶不已，原来他竟然是毕业于美国哈佛大学的高才生。

许琨好奇地问他："你的学历这么高，为什么当年要去

当服务生呢？"

那个小伙子微笑着回答说："首先，我不想省略走向成功的每一个步骤。虽然我毕业后可以选择一个很高的起点，可是我只有从最基层开始做起，才能够熟悉每一个环节，这有利于我以后从事管理工作、做决策。此外更重要的是，我认为只有学会当好一个被管理者，才能当好一个管理者。"

众所周知，西点军校以培训军官而闻名于世，在那里每位学员首先要学会的就是服从。学员上的第一堂课就是抹掉自己的全部个性：所有人的名字都统一换成编号，头发剪成同样的发型，衣服全部换成（军校）校服。这样做的目的是让每个人都去掉自我，更好地融入团队。其次，每个人都必须学会承担责任和服从命令。无论上级问什么问题，学员都只能回答以下三个答案："是""不是"或"没有任何借口"。

西点军校是培养军官的地方，军令如山，服从命令是军人的天职。所以一个好的军官，必须从学会服从开始。在战场上，哪怕是一点点的个人主义和英雄主义，都可能造成致命的后果。企业里的中层管理者同样如此。如果你认为自己从基层晋升到了中层，就从被管理者成了管理者，可以不被管理，那可就大错特错了。因为从中层到中坚，任重而道远，你还有很长的路要走。

在一个集体之中，如果每个人都只强调自己的个性，坚持往自己的方向走，那么整个集体就会成为一盘散沙，缺少凝聚力与战斗力。管理者无论管理能力有多高，也要学会将自己当成团队里的一分子。一个团队是否具有核心竞争力，就取决于管理者是否可以融入团队之中。不管是哪种类型的组织，皆同此理。

山东世纪通医药科技有限公司曾发生过这样一件事情：公司的副总裁王东辞掉了手下一位名叫程明的经理。因为程明虽然能力超群，但为人却桀骜不驯、傲慢专横。

虽然王东十分爱才，并不希望程明离开公司，可是他无法容忍程明的这些毛病，因为这些毛病会让自己千辛万苦打造出来的团队毁于一旦。当时，公司有许多技术专家都来为程明求情，然而王东心意已决，他说："程明的确能力出众，可是他的缺点同样严重，我永远不会让他在我的部门做经理。"后来，老板出于爱才之心，主动出面留下程明，做自己的技术助理。向来傲慢自负的程明经历了这次风波之后，受到了很大的触动，他开始意识到自己的缺点和不足。

　　经过7年的努力，程明逐渐晋升为公司的副总裁，一跃而成为王东的上司。所幸程明并非心胸狭窄之人，他非但没有对王东怀恨在心，反而十分感激他。因为他觉得是王东给了他警醒，才使他获得今天的成就和地位。程明不仅没有对王东进行报复，反而虚心向王东请教管理方面的问题，这时的程明已经明白了怎样才能做一个好的管理者。

　　与此同时，王东也表现得十分优秀。当程明成为他的上司以后，他并没有任何不服气的表现，反而积极配合程明的工作，两人相处得十分融洽，为公司的发展而共同努力。


　　程明刚开始是因为当不好一个被管理者而被降职，后来却因为当好了一个被管理者而得到晋升，一举成为公司的核心成员。从程明的故事里，我们可以看出当好一个被管理者的重要性。程明其实是许多中层管理者的缩影：优秀、有能力、有业绩，但有时也会很自负、有个性，不甘心听从别人的指挥。对于任何一个组织来说，成员的能力和个性往往并不一定成正比，个性也需要服务于整个组织。

　　每一位中层管理者，都身兼管理者和被管理者的双重角色，如果总是一味地强调个性，不服从管理，又怎么可能让自己带领的团队团结一心、服从指挥呢？不管对哪个企业或单位来说，不服从指挥的团队都是最糟糕的，同时也是最没有发展前途的团队。

不可否认，许多中层管理者都才华出众，但多半也很自负，有时候他们甚至会下意识地认为自己的想法比公司的决策还要高明，所以难免与公司的策略产生冲突。然而我们只要仔细想想就会明白：我们个人的想法在某一点上也许确实很高明，可是如果站在整体和全局的高度来看就完全不一样了。由于所站的高度和所处的位置不同，看问题的角度也不同，因此制定的决策也就会完全不一样。而且，企业或单位不管出台哪一项决策，首先都会希望得到中层管理者的助力，而不是阻力，否则，中层管理者的作用何在？

也许你会问，难道作为一位中层管理者，就必须完全抹杀自己的个性吗？肯定不是这样的。在具体的工作实践中，你完全可以有自己的想法，按照自己的个性去实施，然而在组织的决策面前，排在第一位的永远是服从。否则，黏合剂很可能就会变成离心力，原本的"中坚"也会逐渐淡出企业的管理核心。

如果每个人都只强调自己的个性，各往各的方向走，那么整个集体就会成为一盘散沙，没有凝聚力与战斗力。所以才能再高的管理者，也要学会做团队里的一分子。

## 有限精力完美分配，才能在中层位置上坐得舒服

在企业里，有许多中层干部承受着巨大的压力。这些压力有来自上级领导的，也有来自下级和同级部门之间的。这种状况往往让中层管理者焦头烂额，用"忙、乱、累、烦"四个字来形容他们的工作状态最恰当不过了。

中层领导在企业中既是一名管理者，又是一名被管理者。既然身处公司的中间位置，自然上下左右都会有辖制。在上有上司的管辖，在下则有下属的眼盯目睹，前后左右又有很多同级的同事。处于这样

一个夹层位置，就像是一个夹心饼干一样。如果工作做得好，那就上下皆欢，左右逢源；一旦没有做好，就难免两头受气，里外不是人，四面楚歌，这就是大多数中层都面临的残酷现实。

中层管理者也是普通人，不是三头六臂的神仙，在做事的时候没办法做到面面俱到，往往是顾了这头丢了那头，甚至费力不讨好。一个人即便能力再强，精力再旺盛，在没有对自己的精力和时间做一个好的统筹之前，也很难做到让所有人都满意。所以，作为一个中层管理者，在做事的时候一定要先合理协调三方面之间的关系，凡事先分清轻重缓急，这样才能提高办事的效率。

一个中层管理者，如果想在自己的岗位上更好地发挥能力，就应该注意对自己的精力进行合理的分配，在这里有一个参考法则：70%对上管理，20%部门管理，10%同级协调。如果把这个法则比作一棵树，那么树的根基就是对上负责，根基的重要性不言而喻，因此要投入最多的精力，占到70%；树干是部门管理，不能忽视，因此要把20%的精力放在本部门的管理上；而树顶则是同级之间的协调，剩余的精力也就放在和同级之间的关系处理上。

有些人或许会对此提出疑问：为什么要把最多的精力用在对上的管理上，难道不是应该把最多的精力放在自己的本职工作上，用心管好本部门的事务吗？实际上中层的第一个身份是被管理者，在公司内部只是一个负责执行上级决策的人，起到一个承上启下的作用。也可以说，只是一个传声筒和留声机，是上级的指挥棒。上司一旦颁布了需要执行的决策，只需把手下中层的干部召集起来开会，由中层向下传达到销售部门或者生产部门。这才是中层的管理价值。从这个意义上说，中层对上的管理时间和精力主要应该用于领会、理解和执行上司的决策，这个工作是首要的，也是最为重要的。正因为有了上司的信任和提拔，中层才有了做一名管理者的机会以及施展自己才华的空间和平台。因此，当你走上了管理岗位的那一天起，成了一个管理者，就要饮水思源，首先要为自己的上司负责，成为他们的得力助手。

20%用于部门管理的意思是，要把20%的精力用来关注你的下属，对他们进行充分的了解，尽力去了解他们的真实想法，和下属维持良好的关系，与他们融为一体。中层既要向下属传达上级的指示，安排工作任务，还要对他们负起责任，为他们谋取利益。因为你和下属是一个团队，祸福与共。不过，要注意把握好尺度，不能与下属过于紧密，打得太火热。因为凡人都会有一定的惰性，如果领导太容易接近和相处的话，会在下属面前失去威信，让他们对你产生依赖，失去规矩和纪律，遇事容易互相推诿，甚至不能按时完成工作任务等。这样会导致你事必躬亲，不但会让自己忙不过来，同时也极大地限制了员工的工作积极性和创造性，对公司的整体利益也是有害而无利，你也算不上好的领导。因为你让那些真正有能力的员工失去了施展才华的机会，他们会因为不得志而对你心生不满，而你的上司也会因为你的执行力太弱、管理能力差而对你失去信心。

剩下10%的精力用于协调同级之间的关系，这是因为公司各个部门都有不同的职能，每个部门各司其职，管理方式和管理思维也各有不同。一个公司的正常运营需要各个部门的共同努力，因此各个部门的负责人之间就要做好相互的协调工作，经常沟通。然而，每个领导往往又只了解自己部门的工作情况，对于其他部门的工作不可能了解得太透彻，也不可能完全清楚他们的每一个工作细节，因此为了保证自己部门的工作能够得到其他部门的协调和支持，就需要花费一部分的精力去协调同级之间的关系。中层领导不能总是"事不关己，高高挂起"的态度，总觉得"各人自扫门前雪，不管他人瓦上霜"，这不但会让你的工作难以顺利开展，也不利于其他部门的工作进展，既不利人也不利己。反过来，如果经常去管其他部门的闲事，也会给对方带来压力，让他们不舒服，那么他们对你也会产生反感，甚至会排斥你、排挤你。更严重的是，这还会导致你忽略了自己的职责，影响你的工作。因此同级之间的关系就是一个度的问题，如何把握好这个尺度，关系到各部门和谐共处以及公司的整体利益。所以，一定要记住一个基本原则：同级管理者之间既要惺惺相惜，又要保持一定的距离。

不要不把上司放在眼里，你再强大在上司面前也只是个下级；不跟同事混好的话，再优秀也有被挤走的可能；也别把下级不当人看，没有下级你就是个光杆儿司令！寻找到精力分配完美法则，才能在中层的位置上坐得舒服。

## 上级面前摆正位置，凡事"到位"不"越位"

做一名优秀的中层，你首先必须保证工作到位，做好自己的本职工作。在职场中，每个人有每个人的位置，组织层次的划分是清晰的，不同的人处于不同的组织层次，相对应的职能也有所区别。

中层对于自己的这个角色，首先要明确其职能和所需技能，对自己有一个清晰的认识，凡事有度，做事"到位"而不"越位"。

这就要求中层管理者兢兢业业地守好、做好你这个位置所应该做的一切事情。但是，同事之间、上下级之间在责任边界上会经常存在模糊地带。这个时候，往往需要自己积极主动，多承担一些责任，不能有责任的盲区。这是对到位的基本要求。

同时，在职场中，上级都害怕比自己有能力的下属有朝一日替代自己的位置，或者害怕下属锋芒毕露给予自己压迫感和恐惧感。虽然有时候中层只是想表现自己，或者单纯地着急去解决问题，但是无论如何，不能越位，不能不给上司留有余地。

然而总是有一些人激情四射，喜欢做些越位的事情，做些本不属于自己职责范围的事。当然这个问题需要一分为二地看，但越上级的位，通常情况下不会有你什么好果子吃。作为下属，用四个字来概括你的定位就是：贯彻执行。贯彻的是上司的思想，执行的是上司的决策，在贯彻执行的过程中接受上司的考核。和上司相处，你是他的下属，当然必须尽己所能助他一臂之力，但是，请不要忘记自己"中层"的身份，切莫自作主张，喧宾夺主。

　　大家也许都读过《三国演义》，对"杨修之死"的典故相信也是耳熟能详——杨修在曹操麾下任主簿，他常常自作聪明。比如，公元 219 年，曹操举兵攻打汉中，由于马超英勇抗拒，数战不捷，想撤退，又怕蜀兵耻笑，进退两难。夏侯惇入帐请令时，曹操随口定下了"鸡肋"为夜间行动口号。杨修知道后，便叫随行军士收拾行装，准备归程，并自以为是地解释："鸡肋者，食之无肉，弃之有味。魏王必班师，所以先收拾行装，免得临行慌乱。"他分析得有鼻子有眼的，自以为聪明，却触怒了曹操，被曹操以"谣言惑众，扰乱军心"为由处死。

　　杨修之死，有人认为是曹操嫉贤妒能、心胸狭窄所致。但反过来想想，杨修的死难道不跟他自作聪明有关？他越俎代庖，将曹操沉吟间道出的"鸡肋"理解为曹操即将撤兵的信号，并自作主张地号令部队收拾行装准备撤退，这些"越位"的做法怎能不给他带来杀身之祸？

　　越级，就是没把握好"度"。有的中层长期在上级身边工作，深得上级的信任，就产生错觉，以为深受重用就消除了与上级之间的界线，从而不自觉地站在上级的位置上，替上级做起主来。

　　其实中层首先是上级的一个下属，所以中层要学会做个聪明的下属。在上级面前摆正位置，凡事点到为止，恰到好处，不做越级处理问题的事情。

　　在职场里，类似于杨修的中层也大有人在，他们总认为自己的判断是正确的、见识是广博的，便爱自以为是；总认为自己的做法比谁的都好，遇事便自作主张，越级、越位、越权处理工作中的事情，结果惹人烦、遭人怨，落个胆大包天、自作聪明的坏名声，于人于己都没有什么好结果。

作为中层，最佳做法是当好上级的"参谋"，提出建议，说明理由，把最终的决定权交给上级。对自己的职务、职权、职责负责，在任何情况下，先做好自己的本职工作，不自作主张，以免损害与上司之间的感情，给自己的日常工作，甚至以后的晋升造成障碍。因此，作为中层管理者，凡事一定要"到位"，千万不要"越位"。尤其是在以下的情况下更要避免出现"越位"的情况：

1. 决策会议讨论

参与公司和本部门的一些决策，谁做什么样的决策，是有限制的。有些决策，中层管理者作为下属虽然参与，但只是政策颁布前上级对下级的一个调查，这时不要插言为妙，"沉默是金"，见机行事。

2. 表态发言

对某件事的基本态度，超越了自己的身份，不仅是不负责任的表现，而且也是无效的（实质性问题的表态需要上级下结论，你的反对或者同意都不起作用）。而有的人作为下属，抢先表明态度造成喧宾夺主、陷领导于被动，领导当然会很不高兴，以后的重任不会再给这样的中层下属。

3. 工作职责

这里面有时确有几分玄机，有的人不明白，什么工作都抢着干，有上司出现的场合，却抢先去做，从而造成工作越位，吃力不讨好。

另外，客人应酬、参加宴会，也应适当突出领导。有的人作为下属，张罗得过于积极。有些问题的答复，往往需要有相应的权威。作为下属，明明没有这种权威，却要抢先答复也是不明智之举。

中层要把事做到位，就要清楚自己的角色定位，在领导面前自己

就是下属，应以服从和建议为主，不能替领导拿主意。切记事情做"到位"即可，不可随意"越位"，张扬炫耀。该做配角的时候，不能非要抢着"越位"做"主角"。

## 让工作氛围变得温馨，别做下属眼中的"包工头"

我们知道，"包工头"的工作十分简单，他只要把上级交代的任务进行分解，然后分配给下属，在过程中进行监督，履行自己的管理职责，就可以确保任务的完成。可实际上，作为一个现代化企业的中层管理者，是不能采取这样的工作方式的。

下属从"包工头"的手中只能领来工作任务，在工作的过程中也只会经受严密的监督，还会时不时由于出现一些问题或不足而遭受指责。在工作中上下级之间缺乏交流和沟通，自然就不会产生有效的合作，更别提在同事间建立必要的信任了。

下属们很难对一个"包工头"式的中层产生什么好感，因此中层也就会失去员工支持；团队间缺乏必要的交流和协作，工作的效率不可能高，所以就很难做出成绩；缺少这些强有力的后援，中层自然也就不可能成为公司的中坚力量，在职场上也不可能获得太多的晋升机会。

在崇尚"自由"的现代社会，人们越来越多地去寻求自我价值的实现与认可，在工作中同样也会表现出这种诉求。每一位普通员工都会希望自己有独立的工作空间，希望能在相互交流的过程中保持自己的尊严。他们既不习惯被命令，更不愿接受被监管的工作方式，这些诉求如果不能得到满足，就会出现一些不满的情绪，进而严重影响团队的工作效率。

有别于"包工头"的工作方式，中层管理者要学会在自己的管理活动中加入更多温情的内容，这样下属才能展现出更多的活力，进而提高整个团队的工作效率。

在一段时间里，上海素初化妆品有限公司的工作效率非常低，利润率也上不去。一个叫章鹏的人改变了公司这一状况。

章鹏就任这个子公司的负责人后，采取了大胆的改革措施。他让人在工厂各处贴上一些标语。"如果看到一个人没有笑容，请把你的笑容分享给他。""只有自己兴致勃勃，事情才可能取得成功。"在标语下面都签有章鹏的名字。

章鹏还制作了一个特殊的厂徽：一张笑脸。他令人在办公用品上，在工厂的大门上，在厂内的板牌上，甚至在员工的安全帽上都绘上了这张笑脸的图案。

在公司内部，人们常常可以看到章鹏喊着员工的名字热情地打招呼，满面春风地向员工征询意见，同时，员工们也非常乐意围绕在章鹏的周围，听他讲各种事情，也把工作中的一些情况与信息反馈给他。即便是和工会主席一起出席会议解决劳资纠纷时，章鹏也能依然面带笑容。

最终只用了 3 年时间，在没有增加明显支出的前提下，上海素初化妆品有限公司的生产率惊人地提高了 8%，公司总体成绩获得增长，章鹏因此获得了职位晋升，成为总公司的副总裁。

章鹏所采取的改革，其实就是改变了公司的管理文化。面对公司经营不景气、员工生产积极性不高的状况，他通过打造充满活力的工作环境，通过与员工之间的积极沟通，最终充分调动起了员工的工作积极性，也达到了改善经营状况的目的。

章鹏所采取的具体改革措施，最根本的就是摒弃了以前"包工头"式的管理方式，让工作环境变得更为温馨，不再让员工感到工作枯燥。在工作中管理人员开始接纳员工的意见，这就充分调动了他们的工作积极性，从而让他们以更积极的状态投入工作之中。当然所有

这些付出，也都得到了最好的回报。

如果一个中层管理者懂得在自己的管理活动中加入更多包含温情的内容，他的员工也许就可以展现出更多的活力，而团队的工作效率也会获得显著的改善。

## 做下属的职场"教练"，把握好"运动员"的状态

许多新手司机在刚刚上路的时候，心里难免十分紧张，在拐弯时就忘了怎样打方向盘，在遇到紧急的情况时又忘了该怎么踩刹车。在这种时候，坐在旁边的教练就要发挥他的作用，除了要给学员传授必要的方法以外，还应该适时地鼓励学员，给他们加油打气，稳定他们的情绪，缓解他们的心理压力，这样才能保证他们在道路上安全驾驶汽车。

那么，在企业里面对欠缺经验的下属，中层管理者是否也应该像汽车教练对待新手司机那样呢？

其实，除了教给下属一些必要的工作方法之外，帮助下属建立自信心、调整好工作情绪，也是中层管理者必须要做的工作之一。特别是员工还是"新手上路"的时候，或者是第一次鼓起勇气提出自己的意见时，即便他们做得不完全正确，也应该进行必要的表扬和鼓励，这样他们才有勇气在未来的发展道路上进行不断的探索。世上没有什么事情是理所当然的，在开拓市场和技术创新的过程中，及时调整好员工的心理状态，使员工可以始终保持自信，才是中层管理者获取成功的最大保障。

上海裕耕生物科技有限公司营销部新来了一名叫沈晓蓉的员工。刚进公司的时候，她只是一名普通的销售人员，可

是她既聪明又勤快，对市场变化也有敏锐的意识，经常提出一些让老员工都感到眼前一亮的创新想法。

这段时间，公司新推出了一个品牌，沈晓蓉主动做了一个策划方案，但是她想到自己的资历还太浅，经验不足，生怕把方案拿出来会让人笑话，所以她犹豫了很长时间，始终没有勇气把方案拿出来。

她的经理了解到这一情况后，主动把她叫到办公室。他十分热情和真诚地与她沟通，详细地询问她内心的想法，以及是否需要帮助。沈晓蓉最终才总算吐露了心事："经理，对于这次新品牌推广，我有一个自己的创意和想法，可是又不知道该不该提出来。"

经理认真地回答道："为什么不提呢？公司随时欢迎所有员工提出任何对公司有益的意见。"

沈晓蓉仍然有些不放心："可是如果我的方案有问题，给公司造成损失，我可承担不起这后果。"

经理笑着对她说："这个你完全不用担心，公司对于每个方案都会进行充分的讨论，大家集思广益，各抒己见，可以一起来完善。即便最后这个方案真的被否决了，那也可以为大家开拓新思路，何乐而不为呢？"

经过营销部经理的这一番鼓励，沈晓蓉终于在部门的每周例会上充满自信地提出了自己的想法，并对其中的细节都进行了详细的阐述。最后，经过部门同事的一番讨论后，大家一致认为这一方案具备可行性，最终部门采纳了该方案，而后来的事实也证明这个方案十分有效。通过这次参与，沈晓蓉的自信也得到了一次完全的激发，在以后的工作里，她的干劲越来越足，逐渐成长为营销部门的主力。

我们不妨想象一下，假如沈晓蓉当初向经理提出自己的构想时，第一时间得到的不是经理的鼓励，而是冷嘲热讽，又或者经理以资历浅、经验不足等理由来搪塞她、拒绝她，那么沈晓蓉肯定会受到很大的心理打击，而且公司也会因此错过一份非常好的方案。之所以没有出现这些情况，其根本原因就在于这位中层经理能够很好地扮演下属们的心理咨询师这一角色。

中层干部除了需要关注员工在工作中产生的问题外，还要关注员工在生活中遇到的心理问题。因为生活与工作密不可分，只有解决了生活上的问题，员工才能全身心投入工作之中。

作为中层管理者，必须有"眼观六路，耳听八方"的能力，要时刻留心下属情绪和工作状态的变化，千万不要以为只要管好工作之内的事情就够了，而对下属面临的工作之外的问题视若无睹。一个"教练"只有时刻把握好自己"运动员"的状态，把他们遇到的问题解决好，才能让他们以最旺盛的斗志和精神状态，在竞争激烈的赛场上取得最好的成绩。

员工的生活与工作状态紧密相关，一个"教练"只有时刻把握好自己"运动员"的状态，解决好他们的问题，才能让他们以最饱满的精神状态，在职场上获胜。

## 以身作则为员工的表率，树立标杆做下属的榜样

在企业的管理层中，中层干部是和基层员工联系最紧密的人。他们的一言一行，会在无形中成为员工的表率。可以说，中层管理者的管理方式会对公司的业绩产生深远的影响。

站在普通员工的角度，他们肯定不愿意看到自己的直接领导者是一个"光说不练"的人。如果领导者在对别人提要求时总是夸夸其谈，可事到临头却临阵脱逃，这样的领导是不可能赢得下属信

任的。如果下属认为自己的上司是一个口是心非的人，就会自然而然地对公司整个管理文化产生否定，因为既然连自己的上司都是一个"应付"的人，那自己自然也就没有理由为工作投入全部精力。

在遇到困难的时候，中层要能身先士卒；在遭遇挫折的时候，也不应推卸责任；在面对困惑的时候，要集思广益，集合大家的力量去寻求问题的解决方法。这样的人，总能鼓舞起大家的士气，能够最大限度地调动大家的工作积极性，也会收到良好的管理效果。一个领导的成功，在于99%的个人威信和魅力展示，加上1%的权力行使。

　　美国著名的将领巴顿将军曾经说过一句名言："在战争中有这样一条真理：士兵什么也不是，将领才是决定最终胜败的一切……"看完下面的故事，你也许就会明白他为何会有这样的看法。

　　当巴顿还是一个中级军官的时候，有一次他在带领部队行进时，汽车突然陷进了泥潭。巴顿朝着士兵们喊道："大家赶紧下车，一起把车子推出来。"

　　听到这个命令，所有的人都下了车，开始用力推车。经过大家的一番努力，车子终于被推了出来。这时，当一个士兵正准备抹掉自己身上的污泥时，却赫然发现自己身边那个同样浑身是泥的人竟然就是巴顿将军。

　　这件事情让这个士兵印象深刻，他一直记在心里。当巴顿去世后，在他的葬礼上，这个士兵对巴顿的遗孀说起这件事的时候，仍然感慨万分地说道："是的，夫人，我们敬佩他！"

看完这个故事后，我们再回顾巴顿的那句名言，就不难理解他这句话里蕴含的深意了。士兵的状态是决定战争胜负的关键，而要想让士兵保持良好的状态，首先要求他们的领导者做出表率。不仅仅在军队里是这样，在任何一个组织里也是如此。一个能够带好团队的领导者，必定是能够以身作则的领导者。

能够以身作则的中层管理者会通过亲身实践，及时地发现工作中存在的一些问题，并及时做出调整，从而使公司的管理政策可以最大限度地结合实际情况，确保公司经营活动得以有效开展。

山东朱氏堂医疗器械有限公司有一个生产部门的工作效率很低，总是无法达到总部的预期。为此，总部有针对性地采取了改进生产技术、加强监督等一系列改革措施，但都收效甚微。最后，公司的决策层经过一番考虑，决定更换部门主管，以期有所改善。

新主管上任以后，并没有急于实施自己的改革措施，而是首先进行了一系列的调查。在走访的过程中，他发现这个部门员工普遍都缺少责任意识，工作积极性都非常差，各个生产环节之间也存在着互相推诿的情况。

在掌握了部门的基本情况以后，这位主管才开始推行一系列改革举措。他首先当着大家的面宣布，自己要到生产一线工作，要和大家在同一条战线上，共同为提高部门的业绩而努力。在他之前，从来没有哪个部门主管做过同样的事情，所以这迅速引起了强烈反响。在实践的过程中，主管也对生产一线的情况做了进一步了解，对公司反馈了很多有效信息，并据此对工作方针进行了大量的调整，推出了有诱惑力的薪酬激励机制，明确了业绩考核机制，激发出了员工的积极性，让每个人都清楚地了解自己身上所担负的责任。经过了他的一番努力，整个部门生产状况果然很快就有了好转，公司的最高决策层对他的工作成绩也感到非常满意。

"光说不练"的中层永远都是站在员工的对立面进行管理，他只会告诉下属一个目标，还有什么能做，什么不能做，除此之外就没有其他的沟通和交流了。而以身作则的中层则会亲自上场进行示范，目的是让下属可以用最快的速度掌握正确的方法，同时在示范的过程中，他还会从实践者的角度，体会上级的策略，并与实际情况做一个很好的结合。

作为最直接的负责人，中层管理者是一个团队的先锋，也是公司文化和价值观的最直接体现，自己的工作能力、工作方式和思维方法甚至喜好都会对团队成员产生莫大影响。作为中层管理者，一定要认识到自己的标杆作用，以对自己的严格要求和对工作的积极态度，来对整体工作进行最大的支持。

# 第二章　素质修炼：德是收心的根本，能是服众的基础

　　作为中层领导凭什么让下属员工心甘情愿地跟着你干？唯有德和能。德是指中层领导要具备优良的个人品德和职业道德；能是指中层领导应该具备的各种能力。德是收心的根本，能是服众的基础。中层领导具备了优良的品德和出色的能力，下属员工自然愿意追随。

## 做充满热情的中层，展现领导者的魅力

中层领导是团队里的一面旗帜，他代表的是整个团队的战斗力，体现的是整个团队的精神面貌。如果中层领导富有个人魅力、饱含热情，那么他所带领的团队也必然是充满激情的。在很多时候，如果中层领导倒下了，就意味着整个团队都垮了。

情绪是综合了各种感觉、行为和思想的一种心理状态，是人们对外界刺激所产生的心理反应。一个人的情绪不仅反映他的心理状态，对他的行为动机也具有一种放大的作用，一个人的行为动机往往会在情绪的影响下变得更加强烈。例如，一个人常常会由于愤怒而放大自己的求胜动机，或是由于高兴而变得更加积极等。同时，情绪也是可以传递的，一个人的高兴情绪会感染身边其他人。所以，一个饱含激情的中层管理者自然也会让整个团队的情绪和行为都受到感染。

一个成功的团队管理者一定是充满热情的，假如连管理者都没有热情，失去了工作的激情，怎么可能指望他的队员会充满战斗力呢？想象一下，假如你一大早来到公司，就看到你的领导摆出一张苦瓜脸，你的感觉会怎么样？你这一天有可能兴奋得起来吗？你的工作效率会很高吗？反之，如果你一早来到公司，看到的是你的领导充满激情的表情，热情饱满的行为，你的感受又会如何？你心中的所有不快会一扫而空，一整天的情绪会十分高涨，工作的效率也会变得更高。

德国著名的社会学家马克斯·韦伯曾经提出过一个词叫"魅力型领导"。成为魅力型领导是无数中层领导梦寐以求的境界，也是他们力争达到的目标。魅力型领导具有很强的凝聚力，可以把他的员工牢牢团结在他的周围，并让员工对他产生信任和依赖。魅力型领导的一个重要特征就是具有饱满的热情，一个热情的中层领导对员工的影响是非常巨大的，他可以激励员工不断努力，激发员工奋发向上。另外，热情饱满的中层领导会给下属留下更好的印象，当人们听说某位领导

充满工作热情时，就算没有亲眼见到，也会感觉到这个人是一位充满魅力的高效领导者。

著名的社会心理学家阿什为此曾经专门做过一项实验研究，他将该实验命名为"热情的魔力"。

在实验开始前，阿什召集了一群各方面条件基本相同的被试者。为了保证实验的科学性，消除一些其他因素的影响，阿什把这些被试者随机分为 A 和 B 两组，然后分别展示给两组描述人类性格特征的形容词。这两组词除了一个词不同之外，其他的几乎一模一样。A 组的形容词为：聪明的、灵活的、勤奋的、热情的、果断的、现实的、慎重的。B 组形容词为：聪明的、灵活的、勤奋的、冷酷的、果断的、现实的、慎重的。实验一开始，实验者将这两组词随机分配给两个小组，让他们观看分到手里的形容词。等他们看完以后，实验者告诉被试者，他们看到的是一个人的性格特点，要求他们根据所看到的形容词写一段话，来描述这是一个什么样的人。

实验结果显示，拿到 A 组形容词的被试者写的内容大部分都是这样：这是个聪明而热情的人，他很幽默、快乐，善于交际，非常乐观，很受欢迎，对人的影响比较大；而拿到 B 组形容词的被试者写的则大部分是这样：这是个势利的人，冷漠无情，他使人远离，是个不受欢迎的人。

通过这两组描述不难看出，拿到 A 组形容词的被试者写出的描述要比拿到 B 组形容词被试者的更加积极向上，用了更多正面的描述，使用的褒义词比例要高出许多。而拿到 B 组形容词的被试者所采用的贬义词要比拿到 A 组的多得多，更偏向于负面评价。

如果我们仔细观察以上两组形容词，可以看出二者的区别仅仅是 A 组采用了"热情的"一词，而 B 组的是"冷酷的"一词，仅有的一词之别却让人产生了如此不同的印象。所以，心理学家认为，热情对于一个人印象的形成具有十分巨大的影响。人们普遍会对充满热情的人产生更好的印象，热情的人对他人的影响也更大。

一个团队里的成员也同样会希望自己的领导是充满热情和激情的人，因为这样的领导会给人以一种乐观、大度、包容和亲切的感觉，即使下属在有些地方做得不够完美，这样的领导也必然会给予应有的宽容，会让下属有足够的勇气去面对和改正自己的失误。下属在和领导相处的时候，如果可以时时见到他的笑容，这无疑对下属是一种极大的激励，这种激励最终会化为一种动力，能够消解下属的任何消极情绪。

一个充满热情的中层管理者就像一个旋涡，可以持续不断地将远处的下属吸引过来，而且随着距离的拉近，他对下属的吸引力会越来越大；一个充满热情的中层管理者就像第一张多米诺骨牌一样，他的热情可以很好地带动整个团队的情绪。一个拥有饱满热情的中层管理者如同火箭的助燃器，能够使整个团队时刻保持前进的动力……

要具有最好的团队士气，要做一个拥有极大魅力的领导者，就要成为一个充满热情的领导者。这样的领导者才能保持团队的动力，才能带领团队不断地前进，不断地创新！

## 在企业的位置越高，对情商的要求也越高

被誉为"情商之父"的丹尼尔·戈尔曼曾经花费了几年的时间，对188家大型跨国企业进行了长期的跟踪研究，对各公司中层管理者

的技术水平、智商及情商对团队总绩效的影响进行了评估。研究结果表明，对于团队而言，管理者的情商高低对团队绩效的影响与他的职位高低是成正比的。丹尼尔·戈尔曼还对同一级别的中层管理者进行了对比分析，结果发现他们之间90%的差异都和他们的情商有关。换句话说，高情商的人懂得如何促进团队整体绩效的提升，更适合领导和管理团队，也更能胜任高层领导职务。

　　"二战"时期，艾森豪威尔将军从众多军事首领中脱颖而出，出人意料地被任命为赴欧作战的统帅。当时足足有366位高级将领排在他前面，然而艾森豪威尔还是最终胜出，被认定为军队统帅的最佳人选。个中原因，我们从马歇尔给总统罗斯福的提名报告中不难看出端倪：艾森豪威尔不但熟悉军事，具有组织才能，还十分善于采纳他人的建议，能够让持不同意见的人达成和解与共识，令人心情舒畅，真心地信任和拥护他。

　　"股神"艾伦·巴菲特没有接触过互联网，不会使用电脑，可是这丝毫不妨碍他成为一名成功的投资专家和优秀的领导者。1991年，所罗门兄弟公司由于向政府提供了虚假的财务报告而面临刑事指控，巴菲特当时作为该公司最大的股东，接管了整家公司。他批准了影响公司信誉的高管的辞呈，并公开宣布向政府提供真实的企业信息。最终他凭借良好的个人信誉使所罗门兄弟公司免于受到刑事指控，并凭借超强的领导力感染了所罗门兄弟公司的执行官们，让公司摆脱困境，恢复了正常的运营。

　　从以上两个案例来看，一名杰出的领导者，其成功的因素之一就是情商。人与人之间的智商往往相差无几，但情商却有天壤之别，高水平的情商可以铸就卓越的领导力。高情商的领导者能够做到"泰山崩于前而色不变，麋鹿兴于左而目不瞬""猝然临之而不惊，无故加之而不怒"，只有这样他们才能够成为一个团队的中流砥柱，在关键时刻力挽狂澜。其实，情商并非天生，而是后天培养的。那么，作为一名中层管理者，应该怎样提升自己的情商呢？

1. 提高情绪控制的能力

传说诸葛亮在出山以前，是个喜怒形于色的人，这是中层管理者的大忌，为此他的妻子特地送给他一把鹅毛扇用于遮脸。中层管理者的情绪会直接影响团队成员的情绪，如果不能很好地控制自己的情绪，会给企业造成许多间接的损失。许多中层管理者只要发现员工没能严格按照自己的要求完成任务，或是工作中出现一点失误，就立马暴跳如雷，甚至对员工破口大骂。在出现问题的时候，他们第一时间考虑的不是如何快速地解决问题，而是喋喋不休地指责员工。员工在受到责骂之后心情低落，不能及时弥补过失，结果就会导致公司遭受更大的损失。员工在工作中犯错固然难免，可是中层管理者也有责任，因为他在处理问题时不能让头脑保持冷静，分不清轻重缓急，一味地向员工发脾气，却不能及时帮助企业解决问题。

领导者过于情绪化，不仅会影响自身的判断力和处理问题的能力，还会打击员工的工作热情，使整个团队陷入负面的情绪之中。这样的领导者无疑缺乏领袖的魅力，作为团队的带头人是不合格的。一个高情商的领导者会善于控制自己的情绪，绝对不会无缘无故地乱发脾气，也不会把负面的情绪带到工作中，更不会把它传染给别人。他们遇事从容不迫，可以在最短的时间内迅速做出正确的决定，及时解决棘手的问题。作为一名中层领导者，如果想要提高自己的情商，就必须先从管理好自己的情绪、提高控制情绪的能力做起。

2. 学会换位思考，切勿自以为是

有一些霸道的中层管理者总是摆出一副不可一世的架势，总觉得自己见多识广、能力超群，无论做什么事情都只考虑自己的意愿，从不顾及下属的需求和感受。这样的领导者自然不可能得到下属的尊敬和爱戴。哪怕他的能力再强，可在情商上存在问题，不能和下属建立起正常和健康的关系，领导力也会被大大地减弱。中层管理者如果想要改变这种局面，就必须改掉这种高高在上的态度，学会换位思考，站在下属的角度来看待问题，和下属员工建立起和谐共处的良好关系。只有这样才能形成一呼百应的局面，使整个公司的员工齐心协力，共同为企业创造出最大的效益。

3. 领导风格从专制走向民主

专制的中层管理者往往固执己见、一意孤行，不尊重员工，还经常闭目塞听，不虚心接受意见，这样不但会打击员工的工作积极性，还有可能让企业陷入困难重重的境地。不管是理论上还是实践上，专制领导的工作绩效都是最低的，一位强有力的中层管理者采取专制的管理方式在短期或许可以让团队获得成功，然而从长远来看，这种领导方式对团队的发展是利大于弊的。所谓"智者千虑必有一失，愚者千虑必有一得"，无论再怎么雄才大略的人也难免会犯错，专制必然会带领团队走向失败。

反之，高情商的中层管理者则更偏向采用民主式领导，常常集思广益，从谏如流，凡是有利于团队建设和企业发展的建议，都会予以采纳。这样的管理者不仅有独立思考的能力，还善于发挥集体的智慧，只有这样才能带出一支高情商的团队。所以，中层管理者如果想要提高自己的情商，就必须摒弃专制的管理风格，采用民主的方式管理团队。

坤 福 之 道

在决定中层领导者领导力的各种因素之中，智商起到的只是基础作用，情商才是促成领导水平实现质的飞跃的因素。中层领导者扮演的是团队领头羊的角色，自身的情商水平无疑关系到高情商团队的打造。只有高情商的中层领导才能打造出高情商的团队，低情商的中层领导是不可能带出一支高素质、高情商的队伍的。

## 领导力来自亲和力，感情投资更能笼络人心

作为一个企业的中层管理者，不妨思考一下这个问题：世界上什么投资回报率最高？日本麦当劳社长藤田田在他写的畅销书《我是最会赚钱的人》中写到，他把自己的所有投资做了个分类，并研究其回报率，最后发现在所有的投资中花费最少、回报率最高的就是感情投资。

世界上所有国家都讲人情，中国更是一个人情味非常浓的国家，所以，优秀的中层领导都非常善于对员工进行感情投资。通过感情投资，会让下属感觉到自己得到了尊重和关怀，从而产生感恩的心理，愿意竭尽所能、全力配合领导的工作。从这个意义上来讲，感情就是生产力。

藤田田信奉这样一条真理：多花一点钱在员工身上进行感情投资，是绝对值得的一件事。感情投资可以换来员工的工作积极性，由此而产生的巨大创造力，是其他任何投资都无法比拟的。

日本麦当劳汉堡店的每一位男性员工的妻子在过生日时，社长藤田田都会到花店预订鲜花，并派礼仪小姐送上门。虽然购买这束鲜花并不用花多少钱，但它表达的却是企业对员工的一种尊重和深厚的感情。收到鲜花的妻子们的心里都非常高兴："连我的老公都不记得我的生日，可社长却还记得送鲜花给我。"于是她们便心甘情愿地鼓励自己的丈夫为公司尽心尽力地工作。

除此之外，藤田田还推出了一项政策：每一位员工的生日就是他的个人休息日，只要过生日就放假。这样方便他们回家和家人一起庆祝生日，共同度过美好的一天。

藤田田还特意去银行用每一位员工妻子的户名开账户，他除了在每年6月底和年底会给员工们发放奖金以外，每年的4月份还会额外多发一次特殊的奖金，这笔奖金名为"太太奖金"，由公司直接转账给员工的太太，不经过丈夫本人。

对于那些仍然单身的员工，这笔钱则会直接发给他们本人，而且公司还会鼓励他们早日找到自己的伴侣。藤田田在把奖金分别存入各个账户以后，还会附上一封做工精致的道谢函："由于各位太太的鼎力支持，公司才会有这么好的员工和这么好的业绩。尽管直接参与工作的是你们的丈夫，可是正因为有你们这些贤内助的无私奉献与支持，你们的先生才会心情愉悦地投入工作。"

除了以上这些措施，日本麦当劳每年都会拨一笔巨资给医院，作为保留病床的基金。这样，职工或家属即使是在星期天生病或发生意外，也可以立刻被送到指定的医院接受治疗，而不致被耽误，避免多次转院带来的麻烦。

有人曾经问藤田田，如果这些员工几年都不生病，那这笔钱岂不是白白浪费了？藤田田回答道："只要能让职工安心工作，麦当劳就不吃亏。"

正是由于藤田田对员工所做的这些感情投资，使得他手下的每一位员工都兢兢业业，恨不得把企业当成自己的家一样。而藤田田本人不光受到了员工们的爱戴，就连员工的家属们都经常写信给他表示感谢。

毫无疑问，感情投资可以起到激励员工、凝聚人心的巨大作用，在职场中，这样的手段早已升华为一门管理艺术。部门管理者的感情投资反映的是无可比拟的亲和力，能让下属体会到一种亲朋好友之间才有的浓浓人情味，下属们会因此以极大的热情和动力投入工作。

所以说，并不一定要依靠严厉的制度和威严冷漠的权力才能体现领导力。冷酷无情的制度确实会令人产生敬畏之心，但同时也会让人敬而远之，感觉不到来自领导者的关心与温暖。可惜的是，仍然有很多中层管理者不重视对员工的感情投资，甚至还会刻意去压制自己的感情，这就导致下属和领导之间总存在着一道冷冰冰的隔阂。

要知道，情感永远不会被物质取代，下属员工也不会仅仅是为了金钱而工作。每个人都会有互相交流感情的需要。就中层领导来说，如果想要带好自己的部门，就不能忽略员工的感情需求，要学会对下属进行感情投资，让下属发自内心地对你心怀感激，这样他才会更加愿意全心全意地在你的领导下工作。

　　一个优秀的、拥有巨大影响力的中层领导，一定是人情味很浓的领导。而那种像铁板一样拘泥于条条框框，不知亲和力为何物的领导，是最惹人讨厌的。因此，优秀的中层领导应当善于对下属进行感情投资，打造自己的亲和力，进而增强自己的影响力。

# 只有先具备了自律能力，才能去影响别人

人无完人，有位哲人说过："没有不带刺的鱼，同样也没有不带缺点的人。"每个人都会有自己的不足和缺点，一个杰出的中层一定要充分认识自己，承认自己的缺点，比如惰性、情绪化等等，并不断克服自己的这些缺点。

中层领导如果开始纵容自己，任由工作一拖再拖，任由自己的坏脾气随意发作，等等，最终就会在下属的心目中失去威信和必要的尊重，进而失去影响力。如果一个领导被自己的下属看不起，还何谈什么权威呢？因此，发挥领导力的关键因素就是自律。

自律是最难能可贵的品质之一，因为自律要求我们每个人能够管住自己，战胜自己。正因为很难，所以才显得可贵。所以，一个有自

律能力的中层领导者一定能赢得下属更多的尊重。

一个人要想成功，就需要有很强的自制能力，不管他怎么天赋异禀，如果他不自律，就绝不可能充分发挥出自己的潜能。曾经有一项调查结果显示，许多罪犯之所以会惹上牢狱之灾，主要原因都是他们缺乏最基本的自制力。一个中层领导只有先学会自律，才有可能去影响别人。比尔·盖茨曾经说过这样一句话："我个人认为，我们如果想要做出一番事业，就不能太善待自己，只有自律的人才能获得事业的成功。"

王先生是一位远近闻名的富豪，他本人就是十分自律。

但是，王先生曾经有一段时间烟瘾非常重，他的烟瘾一度大到如果不吸上几口，就没法做别的事情。有一次，王先生在一个小城的旅馆里过夜，凌晨三点钟的时候，王先生醒来后烟瘾犯了，刚想拿出烟抽的时候才发现自己的烟抽完了。

这时候外面还下着大雨，街上的便利店大都关门了，旅馆的餐厅和酒吧也早就下班了，怎么办呢？

就在王先生穿好衣服，拿雨衣准备冒雨跑出去买烟的时候，脑子里突然闪过一个念头："我这是在干什么？"紧接着他开始反思："作为一个所谓成功的商人，我自以为还有足够的理智，手下还领导着一群员工，为了得到一根烟，竟然要在三更半夜从床上爬起来，冒着大雨走过几条街。我不能成为这种爱好的奴隶！"

于是，王先生痛下决心，毅然换回睡衣又躺到床上，他仿佛得到了解脱一样，只用了几分钟就睡着了。

从那以后，王先生就彻底把烟瘾戒了，后来他的事业越做越大。

职场如逆水行舟，不进则退。只要稍有懈怠，放纵自己，就很容易招致失败。如果一个人选择了纵容自己，就跟放弃自己没什么区别了。对于绝大多数人而言，自律习惯的养成需要一个长期的过程，绝非一朝一夕的事情。像王先生那样的顿悟容易做，难的是要坚持下去，这需要锻炼和培养。股神巴菲特曾经说："如果你不学会在小的事情上约束自己，那么在大的事情上也不会受内心的约束。"一个人如果自律能力不够，就会像一辆没有刹车的汽车一样，在随心所欲的放纵中会一步一步毁掉自己的美好前程。

奋斗于职场之中的我们一定要有自制力，绝不能放纵自己，否则就可能会尝到苦果。培养自律能力，可以尝试一下这些做法：

1. 不要为自己找借口

一个中层领导，如果总是轻易为自己的失误或惰性找借口，那么就表示他已经开始放纵自己了。要想培养自律的品质，首要的一点就是要丢掉自己的借口，不要给自己留下推脱的后路。

2. 控制好自己的情绪

"冲动是魔鬼"，人在情绪激动的状态下往往容易失去理智，而一时的冲动极有可能会把自己的大好前程断送掉。比如，当下属犯了错误时，上级一定要学会控制愤怒的情绪。常言道，小怒数十下，大怒数千下，意思就是要等自己心情平静的时候再开口说话，避免在情绪失控的情况下口不择言，说出不理智的话。

3. 制订自律计划

只有自己才是最了解自己的人，只有自己才最清楚自己有什么缺点。根据自己的缺点和不足，可以制订针对性的计划来培养自己的自律能力。例如，喜欢睡懒觉的人可以设置闹钟提醒自己，脾气不好的人可以在怒发冲冠的时候对着镜子做做深呼吸，从镜子中看看自己扭曲的表情，往往可以很快冷静下来，等等。

自律是一种品格，它并非天生，而是可以通过后天训练培养的。中层领导者只要能够有意识地去培养自己的自律能力，就能让自律成为自己的品质。

对于中层领导来说，自律至关重要，尤其是控制自己的情绪和欲望。因为一旦失控，就会变得随心所欲，结局必将一败涂地，不可收拾。每一个中层领导都必须牢记，只有不断在自律中行动，才有可能使自己成为一个优秀的中层领导，获得下属的佩服与尊重。

# 制订学习培训计划，让自己变得战力十足

身在职场如逆水行舟，不进则退，中层领导应该时刻刻充满危机感，要经常参加一些技能培训，自我充电，不断提升自身的素质和能力，以便适应日益激烈的市场和职场竞争。俗话说"磨刀不误砍柴工"，如果等到砍刀卷刃了就晚了，只有一边砍柴一边磨刀，才能一直保持刀的锋利。因此，中层领导必须不断进取，才能保持竞争力，立于不败之地！

曾经有一家国内知名的人才网站，针对各大企业的中层领导进行过一次详细的调查。调查结果显示，绝大多数的中层管理人员在工作了两三年以后，都会进入一段职业枯竭期。这个阶段的主要表现如下：

厌倦感。日复一日枯燥的重复劳动，还有繁重的工作压力，让自己感到厌烦，工作的愉悦感逐渐消失，很想给自己放一次长假，放松心情。

掏空感。感觉自己身体被掏空，以往积累的知识越来越感觉不够用，在工作中遇到难题时，脑海里会出现一片空白，反应变得越来越迟钝，偶尔还会出现手忙脚乱和茫然不知所措的情况。

危机感。来自同事间的竞争日益激烈，时常要担心能否保住自己在公司的地位，对上司的一举一动越来越敏感，甚至变得有些神经质，总感觉上司对自己的要求越来越苛刻，好像无时无刻不在监视自己，随时要把自己解雇。

以上的三种情况，都属于典型的"中层危机"。为了避免产生这些危机，中层管理者需要通过培训或充电的方式，让自身能力得到新的增长，迈向新的层次，才能产生新的自信，重新激发出工作的欲望和竞争的动力。

中层管理者需要认清一个现实，就是自己无论是否要跳槽，都需要进行定期的培训或充电，有针对性地补充相关的专业知识，为自己制定新的目标。否则就会像电池一样，一旦电力耗尽，就会马上变成废品，再想充电也已经来不及了。

　　美国微软公司的创始人比尔·盖茨曾经连续多年占据世界首富的位置，他一手缔造了一个庞大的商业帝国，雇用了一群世界上最优秀的IT精英为自己工作，照理说已经不需要再亲自去做具体的事情了，在一些人看来，他只需要每天坐在家里数钞票就行了，可他却依然没有停下脚步，始终向上追求更高的境界。

　　比尔·盖茨有一个习惯，每年都要有两次"闭关修炼"，每次闭关的时长是一个星期，外界称之为闭关周。在这一个星期的时间里，他把自己关在位于太平洋西北岸的一处临水别墅里，闭门谢客，专心读书充电，思考微软公司的未来。几乎每一个IT从业者都知道他的这一习惯。事实证明，当他每次"出关"以后，微软确实总会推出一些出人意料的行动。

像比尔·盖茨这样的高级管理者，都这么重视给自己定期充电，那么身为中层的你，还有什么理由不努力呢？当你每天都在为工作奔波劳碌的时候，是否注意到自己手里的那把"斧子"已经失去从前的锋锐？是否也开始感觉到自己的脚步慢慢变得沉重、跌跌撞撞？如果是的话，说明你已经到了需要补充能量的时候。无论你从前曾经取得过多么辉煌的成绩，现在都到了该对自己的职业生涯进行一次充电的时候了。否则，你的工作会遇到无法突破的瓶颈，运气也越变越差，心情也会随之变得越来越糟糕，最后让你的个人发展陷入停滞或者倒退的状况。

有一位毕业于国外名牌大学，并曾在一家知名的全球性公司担任过管理工作的年轻人，在回国后担任了某公司的研发部门负责人。起初，老板极为看重他，给他开出了相当高的薪水和福利，还为他配备了一支最精明强干的团队。他一开始也没有辜负老板的厚望，凭借着前几年在国外积累的丰富经验和超前的思维，在公司的几个重要项目中都发挥了重要的作用，做出了重大贡献，使公司一跃成为在业内颇具影响力的企业。

可惜好景不长，这样的状况仅仅维持了两年，这位年轻人很快就发现，自己再也无法做到像从前那样精准地把握市场动向。他开始频频地在工作中犯错，例如对市场判断失误，对产品设计提出一些不切实际的意见，遭到同事和下属的反对和质疑。他的问题就在于这几年他不思进取，一直在原地踏步。不管他从前有多么优秀，眼下摆在他面前的选择只有两个：要么积极学习充电，要么主动退位让贤。

"假如我现在改行，一年以后再回来，就什么都不懂了。"这句话出自一位资深的程序员之口，现代社会信息更新和技术升级的速度由此可见一斑。美国有位著名的职业专家指出，所有的高薪者如果不注重自身的培训学习，不出五年一定会变成低薪者，从此失去拿高薪的能力。

中层领导者们，从现在起马上为自己制订一份学习计划表吧！找回当年求学的激情，让自己重新变得斗志昂扬，战力爆表！

时代在进步，知识在更新，定时充电已经是职场人士不可或缺的提升渠道。不过需要提醒的是，充电要兼顾公司与自我需要，既不可盲目选择，亦不能随波逐流。加强自己的优势，比弥补自己的弱项更重要。

## 先做一个诚实的人，然后再做成功的中层

诚信是做人的根本，中层经理人更是应该成为讲诚信的楷模。对上司要诚实，对下属要守信，这样才能获得两方面的认可。在处理公司面临的问题时，你应该时刻保持头脑清醒，谨言慎行。如果你表现的态度和表达的观点总是反复无常，或是口是心非、表里不一，就会让你的上司和下属对你产生是非颠倒、没有主见和做人不靠谱的印象。

在美国商界的高级管理层流行着一句话："我们常常因为看中某个人的知识而雇用他，最后因为这个人的人品差而解雇他。"随着市场竞争日趋激烈，一家公司是否坚挺与管理者的诚信密切相关。有些中层管理者虽然个人能力很强，却品行不佳，欺上瞒下，不仅不能为公司制造效益，还会给公司带来极其严重的后果，使股东和客户蒙受无法挽回的损失。所以，一般来说，现代公司的老板们都会有这样的观念：就算中层管理者的能力不足，还可以通过培训和积累实践经验的办法来解决，可是如果他品行恶劣、道德败坏、缺乏诚信，那么哪怕他是个经营天才，公司也会将他拒之门外。

所谓"诚信"，就是既不自欺，也不欺人，既要对上司和下属负责，也要对公司和客户负责。一方面要忠诚于自己的信念，另一方面还要诚实守信地对待他人。一个管理者只有具备了这样的品格，才能配得上领导的岗位。古人云："人无信不立。"说的就是这个道理。无论什么地方，都不欢迎不讲诚信的人，这样的人在社会上尚且难以立

足，更不用说在要求苛刻的现代公司里任职。

所谓欺上，不仅指欺骗上司，还包括毫无原则地谄媚上司，不管上司说什么都只会唯唯诺诺，对不合理的地方也不敢据理力争；瞒下，指的是欺骗和糊弄下属，经常使用一些威逼利诱的手段，用强权和阴谋诡计来管理部门员工。这样的做法既暴露了中层管理者的无能，又破坏了公司的管理形象，显然不可能有持久的生命力。

中层管理者的诚信，还表现在对待客户的态度上。无论何时何地都不能欺骗客户，这是一条最基本的底线，一旦触碰到这条底线的话，无疑会断送公司的前途。

多米诺皮是一家享誉全球的公司，他们一贯会向客户保证，一定会在半个小时之内将货物送到指定的任何地点。这也正是他们能够在众多的竞争者中脱颖而出的关键所在。他们的管理者始终坚信：如果因为我们的供应不及时而损害了客户的利益，那也同样是自己公司最大的损失！

有一次，由于多米诺皮公司的汽车出现了故障，导致一家商店急需的生面团滞留在长途送货的路上。总裁唐·弗尔塞克得知了这个情况后，当机立断，决定包下一架飞机，将生面团及时送到那家将要中断供应的商店。商店经理喜出望外，从此对多米诺皮公司充满了感激之情。

有人对此表示不理解，问弗尔塞克："几百公斤的生面团，值得包一架飞机吗？货物的总价值还不够运费的十分之一。"

弗尔塞克却回答道："我们宁愿付出高额的运输费，也不愿意牺牲客户需要的供货速度，包机为我们送去的不仅是几百公斤的生面团，还是多米诺皮公司的信誉，这种信誉是比我们的生命还重要！"

正是因为有这样注重诚信的管理者，才造就了多米诺皮公司的辉煌，让多米诺皮成为一个知名的诚信品牌。

如果一个中层管理者不诚信，会有什么后果？

首先，如果中层管理者不能兑现承诺，老板就不会再信任你，重要的工作不会再安排给你；他们在工作中对下属失信，就会失去他们的拥戴，他们在工作中就不再跟你好好配合，甚至可能会联合起来抵制你。

其次，如果在工作中欺上瞒下，这样的行为不但德行有亏，而且会令人鄙视你的人品。只盯着眼前的利益，不顾将来，为了暂时的一点蝇头小利，断送了自己的前途，那将得不偿失。这样的人无论去哪家公司，都不可能有好的发展！

在上司面前，作为中层一定要讲诚信，坦诚相待、重信然诺，才会得到上司的赏识。这就是一家公司判断一名中层管理者是否优秀的重要标准。

想成为一个成功的经理人，首先要做一个诚实守信的人。职场和人生一样，不欺者长胜，欺人者只能胜一时。在诚信问题上绝不能马虎，否则一定会一败涂地，并且永无翻身的机会。

## 盲目加速不可取，创新千万不能失去自我

有人说："创新是找死，不创新是等死，与其慢慢等死，不如置之死地而后生！"这是一种典型的赌博心理，其实并不可取。创新，就意味着要超前，成为领跑者，也就是所谓的"出头鸟"。这就像开车行驶在一条陌生的道路上，如果你一味地加速跑到最前面去，危险就会悄悄地来到你的面前。路况不熟悉，车速又快的话，一旦遇到突发的紧急情况，很可能发现车毁人亡的惨重后果。

创新并不一定会成功，相反，它的失败率非常高。有的时候，意识太超前了，超出了市场的需求，并不是一件好事。诚然，有少数市场的先行者成功地垄断了某一行业的市场，但不可否认的是，绝大部分的先行者都"出师未捷身先死"了，沦为后来者的垫脚石！从古到今，获得成功的产品都不一定是最具创新性的产品。所以，尽管中层管理者确实需要让自己具备创新思维，以便能让公司在市场竞争中获得胜利，但也需要谨记：创新并不是时时都需要的！

宝洁公司是世界著名的家用清洁用品公司，他们就曾经在创新方面付出过惨痛的代价。2002年，宝洁以产品创新思维，研发出了一种新的沐浴品牌——"激爽"沐浴露，并花费高达十亿元的广告费将它推上了市场。

宝洁公司的管理层信心满满，本以为这会是一剂强心针。按照他们的计划，"激爽"沐浴露将以一股迅猛的势头迅速占据中国的内地市场，成为公司的收入支柱。但是出乎意料的是，"激爽"的市场销售成绩一直不见起色，到了2005年宝洁公司终于失去了耐心，正式宣布：出于长远发展的战略考虑，决定停止对"激爽"沐浴露的生产和销售，这意味着宝洁公司承认了此次创新的失败。

后来，有专家分析，"激爽"的失败原因就在于它当时推出的概念过于超前。在欧美国家，"振奋精神、舒缓精神"的沐浴概念十分普遍了，可是在中国，大众消费者却还不能接受。宝洁公司的创新概念过于超前，而企图通过广告的方式让人们改变消费习惯的做法，注定不会成功。

那么，中层经理的创新思维，到底应该怎样把握呢？

首先，需求至上。应该注意发现市场的潜在需求，或者当公司内部的人事关系出现新的变化，需要你随之改变时，你可以迅速跟进，做到提前介入，并且能够领先别人一步，这才是最适合的一种创新状态。

其次，自身需要。结合自身的实力、地位和当前阶段的实际需要，来决定自己的思维和产品设计的"变"与"不变"。如果你意识到不做出改变就要被超越或者被淘汰，那此时就已经不是创新的问题，而是需要你奋起直追了。

再次，盯紧竞争对手的动作。竞争往往会催生创新，但是这并非要求你每天不停地改变自我，赶超过去。保持自己的领先地位是必要的，不过，创新的一个基本原则是只要做到适当地超前就可以。

有些中层领导在管理方法上由于犯了超前太多的错误而招致失败，这样的例子屡见不鲜。太刻意想去创新，往往是因为心理不够自信，害怕被别人超越和淘汰。这种状态在管理上叫作"自我抛弃"，是中层经理最危险的一种心理状态。当他们刚开始承担一个重要的职位时，就会开始担心自己的能力是否足以胜任。当这种心理越来越强烈时，就会迫切地想要改变现在的状态，此时他们往往会给自己一个"创新"的理由，为的是说服自己从外界寻找新的思维。

　　山东皇圣堂药业有限公司里有位中层领导，经过了七八年的奋斗，终于得到了老板的赏识，被调到市场部担任经理的职务。同事和朋友都来向他表示祝贺，可他接到这个任命的当晚却失眠了，翻来覆去地想了一夜，感觉自己的能力不够，工作的方法落后，必须突破自我，学习新思维，才能够对得起老板的器重。于是从上任的第一天开始，他就努力尝试着改变自己，竭力去模仿其他部门同事的管理方法和工作风格。不料不到一个月后，老板就把他叫到办公室，劈头盖脸地对他一通训斥。

　　老板对他说："我让你担任市场部的主管，是因为你为人处世比较踏实，喜欢实地调研考察的工作作风，这样可以

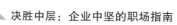

确保公司能够及时获得最真实的市场信息，这是其他的部门负责人没有的优点。可没想到你才上任几天，就完全变了个样，整天在公司里对着电脑，到底是在干些什么？"

类似这种失去自我的"创新"实在令人惋惜，就好比开车的时候，正准备急转弯，就不幸翻车了。每一个身为中层经理的人，都应该从中领悟保持自我独特优势有多么重要。假如上司需要的恰恰是你身上的某项特质，那你真的没有必要去强行改变自己！中层经理想要取得成功，就一定要守住并发扬自己的特长，该变的时候改变，不该变的时候，千万不要盲目冒进！

很多人失败不是因为他们不懂得创新，而恰恰是因为他们将创新当成目的，视变化为结果。《易经》里说：穷则变，变则通。最重要的是把握"变"的时机，操之过急，或者行动迟缓，都可能造成"不通"的结果。因此，在进行创新之前要先固本，在这个基础上，还要随机应变。

## 提高自身的素质，打造响当当的个人品牌

中层领导是企业的顶梁柱，也是部门的带头人物，他所起到的作用无疑是举足轻重的。所以只有不断地积蓄正能量，提高自身的素质，打造自己的"个人品牌"，才能理顺各种关系，使他人信服，真正发挥出"腰"的作用。

可惜在现实中，很多中层管理者往往只将自己定位成公司的经理或者主管，最后沦为公司的附庸。然而，一个人不可能永远待在一个公司，处在同一个岗位上。在职业生涯中，会出现许多我们无法预料和掌控的变化，我们唯一能够掌控和把握的只有自己。对于一位中层

管理者而言，积蓄正能量，打造你的"个人品牌"，可以让你获得更多的关注，让你在职场中立于不败之地。

众所周知"品牌"具有无形的价值，举个例子，假设海尔需要再创业，它是不愁没有机会的。如果海尔需要资金，相信各大银行和机构乃至个人都会向乐于向海尔提供帮助，这就是"海尔"两个字本身具有的品牌效应，换句话说，即便海尔是从零开始创业，机会和资金也会纷纷对它伸出橄榄枝的！

企业如此，人才也不例外。全世界的中层管理者数量多如牛毛，即使是一家最普通的公司也会有好几个甚至十几个中层经理。怎样才能让自己成为让老板重视、让对手敬畏的那一位呢？最重要的一点就是要发扬自身的独特优势，拥有属于自己的"卖点"和"亮点"，打造一个有价值的"个人品牌"，形成个人独特的为人处世风格。

常言道，"做事之前先做人"。这里的"做人"，不仅仅是指做个好人、做个正直和诚实的人。对于中层管理者而言，更重要的是做一个拥有独特领导风格的人。只有形成了自己的个人风格，能够创造出别人无可比拟的价值，拥有自身独特的"卖点"，你才能在职场打造出自己的品牌，成为一个受欢迎的"品牌经理"。

现在，人们一说到智能手机，就会想到苹果；说到电脑，就会想到IBM；说到空调，就会想到格力。那么，你有没有想过这样一个问题：如果说到公司的中层管理者，你的老板第一个想起来的会是你吗？如果答案是的话，那么恭喜你，你已经成功地打造出了属于你的"个人品牌"。

要建立"个人品牌"，首先就要拥有自己的卖点和专长。如果你拥有一项足以傲视对手的看家本领，即使在其他方面不是特别突出，公司也会把你当人才看待，为你提供最好的成长平台。

森林里有一只兔子天生擅长跳跃，是森林里名副其实的跳远冠军。在运动会的跳远项目上，没有哪个小动物能超过它。为此，它感到无比自豪。可是，有只小猴子对兔子说："哎呀兔子啊，你这么优秀，却只在跳远这方面发展太可惜了，你看看其他的小动物们，有的会爬树，有的会挖洞呢!"兔子听后，觉得有道理，于是在小猴子的怂恿下，兔子开始每天刻苦练习其他的运动项目。结果在新一届的森林运动会上，它报了很多项目，但最后却都输给了其他选手，就连自己原本最擅长的跳远，也被其他的小动物超越了!

没有人能够真正做到全能，想要无所不能，最后往往就是全都不能。不顾自己的优势，以自己的短板去挑战别人的强项，后果必然是事倍功半，因小失大。

除了拥有某项专长之外，中层经理还需要具备良好的品行和令人敬佩的职业道德。因为品德就是"品牌经理"的灵魂，也是获得别人信任的重要前提，这比某项具体的能力要重要得多!

我曾面试过一位求职者，他在技术、管理方面都十分优秀。可是在谈话中他表示，假如公司录取他，他可以把在原公司工作时的一项发明带过来。他随后马上意识到这样说有些不妥，又特别强调道，这些工作都是他在下班后利用业余时间做的，他的老板并不知情。

尽管这位求职者的能力和工作水平都无可挑剔，但在这一番谈话之后，我最终还是拒绝了他，因为我认为这位求职者缺乏最基本的职业道德和做人准则："诚实"和"讲信用"。假如聘用这样的人，谁也没法保证他不会在工作一段时间后，又把在公司里的工作成果也当成自己的个人资产，拿去给其他的竞争对手。这样一个缺乏职业道德的人，是没有人敢用他的，更加不敢把重要的任务交给他去完成。

不管在什么地方，有品德的人才会被真正需要。一个人的优点再突出，缺少了品德，充其量也是一个没有灵魂的"僵尸经理"。

一个优秀的中层经理还要学会推销自己。在职场上，"酒香不怕巷子深"是不适用的。虽然说"是金子迟早会发光的"这个说法没错，然而假如金子在发光的时候没人看得见，也就没有任何意义了。因此，身为中层经理要学会宣传自己，不要做低头默默耕耘的老黄牛，要大大方方地在那些"识货的买家"面前展示自己的能力！

职场如同生意场，每个人都像是一件独一无二的"商品"。你要做的就是挖掘自己的工作价值，打造属于你的职场品牌，并且推销给合适的客户。不怕货比货，就怕不识货，你拥有了独特的卖点后，还需要引起买家的注意！

## 暂时的委曲求全，是为了将来能大展拳脚

曾经有人向日本的矿山大王古河市兵卫请教成功的秘诀，他笑着回答："我认为秘诀就在于'忍耐'二字。懂得忍耐的人，才能得到他想要的东西。能够忍耐，就没有什么力量能阻挡你的前进。忍耐是通往成功的道路，忍耐才能反败为胜。"

古河市兵卫自身的经历也说明了"忍耐"的重要性。他小时候当过豆腐店的工人，每天起早贪黑，辛勤劳动。后来，他又去当了一名收款员，为高利贷者工作，这份工作相当辛苦和危险。有一天晚上，他到一个客户那里催讨货款，对方一看他只是个乳臭未干的毛头小伙子，根本就没把他放在眼

里，直接把灯一关，就上床睡觉了，把他晾在了门外。

古河市兵卫就这样忍饥挨饿，从晚上一直等到天亮。第二天一早，他没有表现出丝毫的愤怒之情，依然满脸带笑。对方终于被他的这份耐心打动了，毕恭毕敬地拿出钱，把货款付清了。经过这件事以后，老板对他刮目相看，几年以后就把他提升为经理。

古河市兵卫后来正是凭借着这种忍受困难与屈辱的精神，开创了自己的大事业，成为全日本著名的矿山大王。

中层经理有几个可以做到"先做狗熊，再做英雄"的？没有沉下去的耐心，就不会有浮上来的辉煌。其实，忍耐的同时也是在争，而争的方式也可以是忍。就像《孙子兵法》里说的"不战而屈人之兵"，有些果实不是争来的，而是等来的。只有善于忍受当前的不快，甚至是屈辱，才能锻炼出可以承担重任的能力和品质。要学会忍辱负重，才能迎来出头之日。在争中忍、在忍中争，这是中层管理者应该具备的本领。

日本著名的三井物产的总裁八寻俊邦也是一个懂得忍一时之辱，最终成就大业的人。1940年，他从越南被调回三井物产的总部，担任神户地区的橡胶课课长。但在这段时间里，橡胶的行情突然大幅下滑，他由于应变不够及时，给公司带来了重大损失，也因此被从中层管理者降级为普通职员。

然而追根溯源，这并非八寻俊邦的责任，罪魁祸首是市场的突然变化。许多中层管理者在遭遇类似的情况时，多半会感到很大的委屈，甚至会对公司失去信心，从此要么在公司里沉沦下去，一蹶不振，要么就另谋高就。但八寻俊邦没有这样做，他在受到公司的处罚后，选择了忍耐。他告诉自己：以往获得的荣耀都已经成为过去，现在更重要的是要学会如何处理眼下的问题，增强自己对市场的应变能力。他就是带着这种积极的心态重新投入了工作。

　　一年以后，他被分配到石油制品部门，开始在这里大显身手。果然没过多久，他就被提升为三井物产化学品部门的部长。经过一番努力，他最终成为三井物产的总裁。

　　读过以上两位日本企业家的例子，我们可以明白，忍辱负重并不意味着无能，今天忍受一时的屈辱，是为了明天能够更好地负重。遗憾的是，许多中层经理并不明白这个道理，哪怕是一丁点的委屈他们都不能忍受，动不动就撂挑子或生闷气，甚至自甘堕落。在他们的身上，看不到沉着冷静和理性的素质。

　　第一种中层经理：谁也不敢惹，遇事不能忍。

　　第二种中层经理：虽然能忍却总是感到委屈，好面子。

　　第三种中层经理：认真倾听批评，借此发现问题，提高能力。

　　很明显，上述的第三种中层经理才是一流的，能够受到上司的喜欢与赏识。没有人会永远一帆风顺，即使你是老板身边最得力的助手，也难免会有挨骂的时候。那你怎么办，难道受了气就非要讨个说法吗？暂时的委曲求全，是为了将来能大展身手，屈与忍是手段，伸才是目的。能忍常人之不能忍，才能成就常人不能成的大事。作为一个有智慧的中层，应该懂得这个道理：你有多大的忍耐力，就有多大的能耐！

　　忍耐是成功的基础，它不但有助于你锻炼良好的个人修养，还会给你观察与思考的机会。忍得一时，成功一世，这个世界没有人会因为脾气火爆而取得成功。不妨站在管理者的角度思考一下，你会喜欢动不动就气急败坏、暴躁冲动的员工吗？

# 第三章　摸清上情：为领导分忧解难，做上司的得力臂助

　　对于中层领导来说，事业能否成功，上司是至为关键的人物。想获得上司的赏识，就必须多了解自己的上司，知道他们喜欢什么不喜欢什么，需要什么不需要什么，挺身而出为上级领导分忧解难、解决问题，将自己最优秀的一面展现在领导面前。这样才能增加你开局制胜的筹码，从而保证你在新的职位上做出更大的成绩。

**摸清上司脾气禀性，才能护好自己的饭碗**

　　详细了解你的上司，是中层工作的组成部分，也是你得到欣赏的前提。为什么这样讲？中层经理要开展工作，就要得到上司的支持。而要让自己的工作效率更高、成效更大，就要了解上司的思路，摸清他的喜好与做事的规律。更有甚者，你甚至要比他自己还要了解他，才能从容不迫地做好事情！比如你在与上司谈话之前，就要清楚以下信息：他喜欢在什么时间会客，通常与下属的谈话会占用多长时间，他是否喜欢直截了当的谈话方式，他经常询问下属什么样的问题，他对下属的着装有什么喜好……摸清上司的工作与生活规律，你就能提前准备，为自己设计最好的策略，来处理与他的关系和工作的方式。

　　　　上海杉美化妆品有限公司一位销售经理的上司脾气十分暴躁，动辄大发雷霆，许多下属纷纷弃之而去。该经理几次想把早已写好的辞职报告递上去，但最终他还是忍住了。

　　　　因为在工作的接触中，他发现上司的脾气虽然不好，但为人正直，从不拉帮结派，从不偏袒错误，向来都是公事公办。上司的"闪光点"改变了销售经理的想法，他摆正心态，积极与上司配合，及时找到最合适的办法解决问题，并在适当的时候婉转地用"适当控制一下您的脾气""让心平静一下""大动肝火会伤身"之类的话提醒和劝解上司，而上司也挺乐意接受。

　　上司也好，领导也罢，他们不是神仙，不是佛祖，他们也都是普通人，没有三头六臂，也没有多耳、多眼、多功能。上司也是人，他们也具有常人的喜怒哀乐，他们也有普通人所有的七情六欲。他们的业务能力、管理水平也不见得比你都高到哪儿去，也有可能犯错误，也有虚荣心，他们也害怕被人瞧不起，讨厌被批评、被别人不尊重。

上司既然是普普通通的人，就免不了需要情感的慰藉，需要别人的尊重和别人的帮助。许多员工对于自己的上司都是抱着一种非常敬畏的态度，甚至将上司神化，一到上司面前就说话磕磕巴巴，动作扭扭捏捏、不自然，仿佛失去了自我。其实，当你以一颗平常心，把上司看作是一个普通人来交往的时候，你就会感觉到一切问题都消失了，很多事情都是很简单的。

一般来说，作为直接与上司打交道的中层经理，需要从以下几个方面来了解上司：

对于注重细节的上司，你应该简要地写下你认为对方对你的期望是什么，然后征求对方的意见。

对于见纸就晕的上司，你最好就你在部门中的作用和责任同对方非正式地沟通几次。要记下你们的谈话内容以便以后经常查阅，并确保能帮助上司实现目标。

对于很聪明、工作非常拼命的上司，你所需要做的就是多干活、多出汗和多出力，其他的别无选择。如果你跟不上上司的快节奏，那么你最好早日另攀他枝，不要等到上司板着脸找你"谈一谈"，那时可就尴尬了。

面对比较"专制"的上司，你可能会比较劳累，必须将工作进程的每个环节都向他及时报告。尽管私下你有自己一贯的工作方式和作风，但是在表面上仍要以上司的处理风格为自己的工作风格，以上司的工作理念为自己的工作理念。这样既能表现出一点上司引以为荣的地方，又能让上司相信你的的确确是他值得信赖、值得托付的下属。

还有一类性格随和但是能力较弱的上司，这类上司的脾气很好，待人非常温和，但是就是工作不出成绩，能力欠佳。你可以老老实实地多陪他聊天，听他发发牢骚，时不时拿一些想法让他向上汇报，让他认识到你的能力而把你提拔上去。如果你上进心非常强，不愿陪这样的上司浪费时间，那就悄悄地做好准备，"择木而栖"吧。

除了了解上司的性格，你还要对上司的爱好憎恶有一个了解。如果你能对你的上司喜欢什么、讨厌什么了如指掌的话，这对你的职业发展是大有好处的。例如，你的上司非常爱好篮球，那么在他所喜欢的球队刚刚失利后，你去请求他解决重要的工作问题，那可是非常失策的。一个精明强干的上司欣赏的是能够深刻地了解他，并知道他的愿望，能够把握他的情绪，不给他带来烦扰的下属。

而且，非常重要的一点是，了解了上司的爱好，你就可以找到与上司更好地沟通与交流的途径，为共同的发展奠定良好的基础和开端。

还有的上司似乎精力非常充沛，热衷事业，但是对自己的下属很苛刻。碰到这种工作狂式的上司，最佳的对策就是甘拜下风，一副非常膜拜的样子，不断向他请教、汇报、请求建议，使他感到你在他的英明领导下勤奋努力地工作，这样才能得到他的赏识。

还有这样一些上司，他们整天怀疑自己的下属偷懒不干活，时常窥视下属的一举一动。对付这类上司最好的办法就是每天给他一份明确而详细的工作汇报，明确告诉他你今天干了些什么、进程如何、结果如何、成绩如何，以打消他的疑心，从此他放心、你安心。

对于那些霸道型的上司，你必须常常让他意识到你的地位、你的责任、你存在的价值与意义，尤其是他恶语袭来时，你不要被吓倒，不要默不作声，一定要坚持下去，用业绩来说话，往往最后退缩的是"恶人"。

坤福之道

对于中层来说，要在一个单位、一个企业生存发展，不但需要文化、技术、能力，还要学会观察，对症下药，运用各种技巧应付各种脾气禀性的上司，保护好自己的饭碗，并在此基础上向更高处发展。

##  总跟上司讲条件，就是在给职场之路挖坑

美西战争爆发时，美国总统要立即与古巴起义军首领加西亚取得书信联系。然而加西亚的藏身之地却很神秘，据说是在古巴广阔的山脉里，没有人知道他到底在哪个地方，这难坏了美国总统麦金莱。

有人对麦金莱说："如果有人能够找到加西亚的话，那么这个人无疑就是罗文。"

于是总统派人找来这个名为罗文的人，并将写给加西亚的信交给他。那个叫作罗文的人接过信马上开始履行自己的使命，他历经艰险到达古巴，终于把信送到了加西亚的手中。

这是《致加西亚的信》一书记载的一个故事。这件事看似平常，一个人接到总统的命令便去完成使命，然而重点是总统把给加西亚的信交给罗文，而罗文接过信之后，并没有问"他在什么地方""如果我找不到他怎么办""如果我把信送到，会得到怎样的嘉奖"，等等。

罗文的做法可以称得上是彻底的服从，任何企业的上司都会喜欢像罗文这样的中层。但在实际生活中，有些中层经理喜欢在上司面前讲困难、提条件，好像自己做的这件工作是多么了不起，甚至于拿出一副"要不你就换别人"的样子对上司搞"讹诈"，遇到问题就跑过去讲条件。这样的下属，没有领导会喜欢。所以中层要谨记，总跟上司讲条件，就是在给自己挖坑，这样路会越走越窄，前途越来越暗。也许上司碍于工作需要，当时不说什么，但早晚会坐下来算总账。

安徽天耘医疗器械有限公司要跟一家合作商谈判新项目，部门负责人陈光全盘负责这个项目。根据公司的计划，该项目的最高价格是 300 万，但陈光去了一谈，对方的要价高出

了 100 万。这个差价会直接杀死公司的利润空间，应该直接拒绝，坚守底线。

但是陈光结束了会议，回到公司去请示领导，并对领导说："想让对方将价格降下来并不容易，仅凭我一个人的能力办不到。"接着就开始要人，请上司派另两个部门的经理前去协助，又开始请示接下来的谈判方略。

等到一切搞定了，他带着指示去接着谈，价格的分歧还是照旧，对方一看就知道他不是个可以决断乾坤的人，在价格方面就更加有恃无恐了，根本不想让步。无奈之下，陈光只好带着全班人员撤退，又去向上司汇报。最后，与合作商的谈判总算在上司的亲自主导下完成了，实现了公司的目标，但是陈光这么一搞，将自己的上司弄得疲于奔命，身心俱惫，对陈光的工作能力十分不满。没过多久，上司就找了一个借口，将陈光调到外地的分公司去了。

中层经理的工作难免会遇到形形色色的困难，并非事事都会一帆风顺。这时候，如果总是向上司开口求助，索要条件和支援，那么上司就会想："我都替你摆平了，要你何用？"而且，他老是被动地给你指示，解决了旧问题，又来新问题，整天忙着给你创造条件，即便是钢铁之躯，也会筋疲力尽的。如此下去，就会造成上司围着你转的局面，你们到底谁是下属？

总向上司提条件的中层经理，他在公司的地位是危险的。无论工作面临多大难题，中层都要多为上司分担，少去麻烦上司，尽量自己想办法创造条件，摆平各种困难。你的劳动，上司会看在眼里，不会亏待你！何况，替上司分忧，本身就是中层的工作，是中层的价值所在。

现在许多中层最大的毛病就是问得多、做得少，谈困难的一大堆，闯困难的稀落落，个个都恨不得在上司的保驾护航下去做那些零风险、

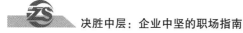

零困难的任务，待在温室里，怕风怕雨。这样的中层，又怎么让公司看到你的潜质呢？

有中层会问："上司交代的任务，本来就不具备完成的条件，或者条件很差，我该怎么办，难道不应该提要求、讲困难吗？"

这个是很现实的问题，确实存在这种情况。许多任务并不容易完成，甚至失败的概率很大，是冒险性的工作。但你要知道，中层经理最突出的价值就体现在"执行力"，你是高层"想法的实践者"。只要你严格按照公司的决策去操作，有一线的希望就做百倍的努力，即使无法突破困难，也不会影响你在公司的地位！

一个善于为上司分忧的中层经理，一定要学会自己处理问题、解决问题。毕竟，上司不是你的保姆，不可能总给你提条件的机会。在他给出解决问题的战略方向和基本原则后，具体方案应该由你自己来决定，不要再去麻烦上司，这是所有的上司都乐于看到的！

当你不得不向上司提条件时，也要选择恰当的时机。在他心境好、情绪高的时候提，而且言谈要谦和，切莫自恃有理而出口不逊，另外还要学会放弃自己的某些要求，做到适可而止。

## 解决上司的"心病"，主动承担"苦差事"

在公司，有些工作是每个人都不想做的"讨厌的工作"，大家对这样的"苦差事"都是唯恐避之不及的态度。但是工作总是要有人来做，于是，众人只好在心里暗自祈祷千万可别落到自己的头上。在这种情况下，如果作为中层的你主动去做这些没有人愿意做的工作会如何呢？这不但能赢得同事的尊敬，更能够得到老板的认同和赏识。有时候甚至还会让老板对你心存感激："多亏了你的暗中帮忙！"

日剧《恋爱世纪》的男主角片桐哲平，是某广告代理公司的一位中层，虽有才华，却因个性太强受人排挤，被从设计部调到营业部，一直得不到翻身的机会，闷闷不乐。

　　有一次，部门员工要组织一次娱乐休闲活动，需要有个人站出来担任组织工作。这可是人人躲避的苦差，出力不讨好，因为你组织得再好，也不可能让每位员工都满意，事后难免受抱怨。所以，营业部开会讨论组织人选，没有一个人愿意举手。这时，片桐哲平的胳膊不经意间举了起来，苦差事意外地落到了他的肩头。

　　经过一番周密的安排，挑选旅店，设计各种休闲项目，他将此次员工娱乐组织得非常圆满，每个人都玩得很尽兴。当第二天早晨到公司，片桐哲平发现同事们看他的目光全都转变了，变得比以前亲近与和善，上司也开始不断为他提供展示自己才华的机会。最后，他取得了成功，证明了自己的实力！

　　别人不愿意做或者做不了的事情，你能主动做得很好，上司就会把你视为不可或缺的左膀右臂。他随时需要你站出来解燃眉之急，替他解决各种心病，你的地位当然稳如泰山！

　　所以中层要明白，"苦差事"并不苦，而是展露才能、勇气和责任心的大好机会。有时候，即使你有这份心，也未必有这样的差事让你做。所以，碰到这样自我表现的机会时，决不要有一丝一毫的勉强，绝对要心存感谢才对。事实上，这一类工作往往比那些表面看起来华丽动人的工作，更能激发人的斗志。能够从这样的工作中找到乐趣的人，大多是能够得到老板赏识的人。

　　当然，这样做需要有相应的心理准备。因为这一类的工作，大都是非常辛苦而且吃力不讨好的，即使你付出了全部的心力，也不一定能达到效果。即使如此，你还是应该勇气百倍地默默耕耘，坚信只要付出肯定会有回报，而且付出与回报是成正比的。

　　尚进是上海素初化妆品有限公司的新晋中层，因为刚刚升职，得到的机会并不多。但是与别人不同的是，他总是愿意去做别人不愿意做的"苦差事"。每当公司出现一些没人料理的事时，别的同事看到了也装作没看到，互相推来推去，能少做就少做。但是尚进却像一颗敬业的螺丝钉一样，哪里松了就赶快去补上，然后漂亮地把工作完成。因此，大家都把他当作"傻子"，经常指使他做这做那。

　　但是尚进自己却从来不觉得自己像是个被人欺负的"小跑堂"，虽然杂事不少，但是他觉得得到的锻炼机会很多。比如有人叫他去联系业务、参与文案写作等，他认为这些都给了他学习和获取经验的好机会。而一直在暗中观察员工表现的老板把尚进的表现都记在了心里，并开始有意地为尚进安排一些"苦差事"。

　　从此，尚进的工作就更忙了，但是他忙的不再是琐碎的事，而是一些更重要的事。比如公司要接待一些重要的客户时，老板都会带上尚进。后来，随着公司的发展规模越来越大，公司准备上市，需要将公司更新改组，重新包装成一家面对公众的公司。包装公司需要拟定一份招股的说明书，而这个重要的任务就落在了尚进的身上。尚进没有辜负老板的期望，做出了完美的计划书，帮助管理层完成了公司的上市目标。

　　由于工作的出色表现，尚进理所应当地成为上市公司的董事会秘书，再后来，他又被提拔为公司的高级管理人员，成了公司独当一面的精英骨干。

　　作为新晋中层，尚进成功突围而出，靠的就是他做了一些别人不能做，也不想做的苦差事，解决了上司的一块"心病"。你想，这样的优秀中层，公司怎能不重视？当然会当块宝一样不放手！

有些中层经理之所以远离"苦差事"，一是害怕做错事，受老板责怪；二是要面子，担心被下属轻视，被同僚小看。所以，即使他明白做"苦差事"的重要性，也会消极应对，视而不见。其实，这种畏首畏尾的担心毫无必要。在上司有"心病"的时候你能站出来，会让他看到你的价值！哪怕你做得不好，但只要尽力了，他也会赞赏你的积极态度，不会对你有丝毫责怪！

我们经常说一句老话：吃亏是福！主动分担一些责任，为他人做些苦差，为上司解些心忧，尽管耗费些精力，但对你在公司的利益却不会有任何损害。相反，还会大大增加你在上司眼中的印象分呢！

如果你认为做"苦差事"就会吃亏，跟其他人一样排斥这个工作，那你就和其他人一样，永远也不可能脱颖而出。如果你能够主动接受别人所不愿意接受的工作，并能从中体会到无穷的乐趣，你就能够克服困难，达到他人无法达到的境界，获得他人永远得不到的丰厚回报——老板的器重。

## 独立解决工作的难题，别把包袱留给老板

有的上司对下属格外关心，经常嘘寒问暖，摆出一副"万事皆可来找我"的姿态。你千万别被他这种职业性的表象迷惑，更不可抱有幼稚的幻想，以为他拿你当亲密无间的家人。事实上，上司对下属的关心，总是出于工作目的，是在给予你心理上的鼓励，拉近双方的距离，但绝不是打算当你的万能救世主，时刻准备给你扑火消灾。

上司不是救世主，不是你的公仆，更非你的菩萨。他会指给你前进的方向，但不可能帮你解决任何问题。帮高层分忧，保持上下平衡，

并且做好自己的分内事，这本身就是中层管理者的三大职责，是必须具备的基本能力。所以，中层一定要尽可能独立解决自己在工作中遇到的问题，绝不可将上司当成你职场闯关路上的一把万能钥匙。

　　山东伊芙罗蔓化妆品有限公司的董事长有事去了国外，企业的大小事务都交给了中层领导来打理。有一天，一个小部门的员工遇到了麻烦，于是该员工就将问题反映给了部门小主管，小主管一听又立刻将问题反映给了整个组的主管，组主管听后又马上把问题反映给了总经理，总经理听后毫不犹豫拿起手机就给海外的董事长打了电话，问事情要怎么办。董事长一听立刻火冒三丈，一句"你们自己想办法"就挂断了电话，他希望自己公司的管理层遇到问题首先自己想办法解决，而不是给远在国外的自己打电话。

　　中层领导在工作中经常会遇到难题或者麻烦，这时候最忌讳的就是把问题留给老板。要知道，老板让你当这个领导就是为了解决这些问题或者麻烦的，当你不能为公司解决困难的时候，你就失去了自己的价值，同时失去了老板对你的信任。

　　每个人都有每个人要解决的事情，老板有老板要做的事，管理层有管理层的责任，员工有员工要做的工作。作为企业的中层领导，有问题的时候要主动想办法解决，而不是将自己的问题推到老板身上。要想让老板觉得你与众不同，能够对你委以重任，你就必须表现出和别人不一样的地方。你要让老板看到，你能独立完成别人完成不了的任务，而不会将问题积压很久，更不会将解决不了的问题推给老板。

　　对于那些能够独立解决问题的中层管理人员，老板是乐于进一步重用和提拔的；而对于那些懒得动脑解决问题，总喜欢把问题留给老板的中层管理人员，老板常常会将之抛弃。

一家杂志社的老总要去北京出差，走之前将杂志社的事务都交给主编打理。公司有一批即将出售的特价书，临走前老总和主编说如果有人来问特价书的话，价格合适就卖了。

老总走后，果然有人打电话来问特价书的事，但主编担心一旦老板嫌他出的价格不合适，自己就吃不了兜着走了。所以，只要是有关询问特价书的电话，主编一律说这个事情他不清楚，而老总出差去了，必须等老总回来才能解决。

杂志社的副主编对主编的做法十分不解，就问他为什么不和人谈谈价格，主编说："你瞎操什么心？老板回来了他自己不会弄啊？我可不想做这种不靠谱的事！"副主编听了一愣，说："这是老板给你的工作呀。"没想到主编说："那他怎么不给我钱呀？"说完也不理副主编，就自己回电脑前玩游戏去了。

后来，副主编自己找了个买家将书卖出去了。老总回来以后看到书卖得比自己估计的价格要高，就把主编夸奖了一番，主编还厚着脸皮谦虚了一番。

但这件事引起了众怒，有些平时就看不惯主编拿钱不干事的人就对老总把事情的经过说了。老总听了十分气愤，终于下狠心将主编免了，给副主编升了职。

对于老板分配下来的任务，中层领导如果不敢担责任，总想着把问题留给老板处理，最终吃亏的肯定是他自己。很多中层领导脑袋里面都有一种奇怪的想法，一方面希望自己的工作简单轻松，另一方面又希望老板付给自己高薪。但是生活中从来不存在这样的事，只有付出才会有收获，要想获得高工资，就必须拿出与之匹配的业绩。

没有哪个老板喜欢一个整天对自己的事情爱理不理，却喜欢把事情推给别人的人。每个中层领导都应该把企业当成一个大家庭，不要觉得公司是老板的，自己只是一个打工仔，是老板的工具而已。如果中层领导对待工作不尽心尽力，遇到一点困难就推托说做不了，或者干脆不做，这样的态度不但不能让你成功，还可能让你连工作都丢了。

下属解决不了自己的困难，会浪费上司的时间，损害自己在公司的影响力。因此，如果你能处理自己的困难问题，则不但有助于培养自己的才能和建立必要的人际关系，而且还可以提高你在上司心目中的价值。

##  准确领会话外音，按照上司意图处理问题

在工作中，中层经理必须有准确领会领导指示的能力，这样才能把领导交给自己的工作完成得更好。一般情况下，领导在下达指示时态度会是比较明确的。但有的时候，出于某种考虑，领导可能不会直截了当地向下属表达自己的意思，而是将其隐藏在话语背后，这时就需要下属具备捕捉弦外之音的本事了。这也就是说，中层经理要能准确领会领导的话外音，按照领导的意图将问题处理好。

有些领导性格含蓄，说话不会直抒胸臆，而是将自己的意思隐藏起来，让有心人去猜。而且，有时这对于管理工作也是很有必要的。因此，在同领导打交道的时候，不要太直接。中层经理一定要有分辨真假的能力，有揣摩领导真实想法的本事。

孙虎是日照海旭医疗器械有限公司市场开发部主任助理，为人热情，积极进取，对领导的意图也深有认知。有一次，主任召集所有市场开发部负责人员开会，分析当时的市场形

势说："大家都知道，我们公司成立至今，面对全国市场的激烈竞争，业绩却直线上升，这是与我们市场开发部的出色工作分不开的。现在，我们公司的市场占有率已领先其他同类公司很多，只有西部还有两个省份我们没有进去，如果我们占有了西部市场……"此时，孙虎早已明了主任话中的意思，接着说道："主任的意思，是想要我们市场开发部进军西部最后两省？"

"对！"开发部主任赞许地看了孙虎一眼，"孙虎说得很对，看来你平日对此深有考虑。作为我们市场开发部的得力人员，最重要的就是要胸有全局，规划宏远，这样才能永远立于不败之地。孙虎在这点上，比各位要略胜一筹。根据公司的长远战略规划，经公司研究决定，我们公司将于年内开拓西部两省市场，具体工作由孙虎全权负责，希望各位都能够给予最大的支持。"

于是，在开发部主任的大力举荐和公司领导的决定下，孙虎担当起了开拓市场的新任务。

准确领会意图，读懂上司需要长期摸索。这就需要你知道他的言语，能够跟得上他的思维。当上司说出一句话时，你能知道他的下一句话要讲什么；当你的上司想到下个月的计划时，你已有了一年之后的发展宏图。这样，你跟他的差距就会越来越小，此时，他不想重用你、提拔你是不可能的事情。

准确领会领导意图，要注意一定的方法，讲究必要的技巧很重要。这类途径和办法很多，常用的有以下几种：

1. 从主动询问中获得

主动询问，是了解领导意图最直接的办法。部属一定要敢于和善于获取领导的想法。在季节变换、任务转换、重大政策出台、重大任务来临、重点工作转移等时机，都要主动地请示、询问领导，看一看

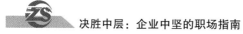
领导有一些什么考虑和打算，早着手、早介入、早知情，为领会好领导意图赢得主动权。

**2. 从领导批示中领会**

领导阅读文件、报刊和材料后的批注，蕴藏着领导许多有感而发的新思想，体现了领导对某一问题、某项工作、某个事物的看法，悉心研究领导批注中的思想观点，就能从中把握领导对一些问题的基本看法。所以，部属对领导在呈批件上签署的意见、在材料上修改的内容，以及对一些具体问题做的指示，都要认真学习、反复研究。

**3. 从平时言谈中捕捉**

领导的设想、主张，有的是通过文字形式表达出来的，有的则是通过言谈阐述出来的。作为部属，无论是与领导一起检查工作、参加会议，还是和领导一块就餐、散步、闲聊，对领导的言谈都要用心记住，即使是平时的一些零碎的看法、意见，也要"善闻其言"，注意收集，为准确理解领导意图奠定基础。

领导者的任何决心和意图都不是一下子"定型"的，都要经历一个从萌发、完善到成熟的过程。这期间，领导的思想会在多种场合、各种时机通过言行流露出来。部属一定要做有心人、细心人，留心观察领导者的言行，注意收集领导平时一些零碎的思想和随口冒出的"火花"。长期坚持，积少成多，积零为整，联系起来分析，连贯起来思考，准确把握领导意图就是水到渠成的事了。

坤 福 之 道

老板比较喜欢"机灵、悟性好、一点就通"的中层，有重要的工作会交给他们去做，这样的中层也就很容易获得重用的机会。想让自己变得"机灵"点，就要能够把握老板的意图和潜台词，那么就少不了增进对老板的接触和了解，要善于沟通，多思考、多揣摩。

## 遇到问题不找借口，而是寻找解决的办法

一个团队之所以强大，是因为每个人都奋勇争先、毫不退缩地去执行决策、解决问题。一家公司要想发展，它就必须拥有这样一个能干并且肯干的中层团队，在困难面前不找借口找方法，排除一切问题，不达目的誓不罢休。

每个人都有找借口让自己偷懒的时候：生活中，早晨想再多睡一会，就找理由把今天上午要做的事情推到下午；工作中，面对棘手的任务，遇到挫折的时候，总想罗列些客观原因让自己认为失败是不可避免的，比如内心会告诉自己，"嘿，别说是我，巴菲特来了也没办法"。于是，本来经过一番刻苦努力就能找到解决方法的工作，在这种"原谅自己"的心理下，变成了一道无法逾越的天险。

借口是敷衍别人的"挡箭牌"，危害公司利益的"病毒"，是杀死中层经理职场前途的慢性药！因为它掩饰了你的弱点，给了你推卸责任的机会。最终，扼杀了你的创新精神，让你变得消极颓废，碰到困难就容易放弃，执行能力越来越弱。

吉冉毕业于某名牌大学新闻系，他在校期间成绩优异，自身形象也很不错，于是毕业后就被北京一家知名的报社任命为采编部部长助理。

但是，吉冉有一个很不好的毛病，就是做事情不认真，遇到困难时不是推给下属，就是为自己找各种借口。刚上班时，同事们对他的印象还很不错，但是没过多久，他的毛病就暴露出来了：上班经常迟到，做事丢三落四，和同事共事时也总是偷工减料。对此，老板找他谈了好几次话，但吉冉总是以这样或那样的借口来搪塞，还总为自己的小聪明而沾沾自喜。

一天，有位热心读者给报社打电话，说在一个地方有特大新闻发生，请报社赶紧派记者前去采访。那天，报社的人都特别忙，别的记者都出去了，只有吉冉闲着，于是老板只好派他独自前往采访，并叮嘱他无论如何完成任务。

可没多久吉冉就回来了，老板惊讶地问他采访的情况怎么样，他却说："路上太堵了，等我赶到时事情都快结束了，并且已经有别的新闻单位在采访，我看也没什么重要新闻价值了，就回来了。"

老板很生气地说："北京的交通状况你自己不清楚吗？为什么不想想别的办法克服一下？为什么别的记者都能及时赶到呢？"

吉冉红着脸争辩说："路上交通真的是很堵，我也没有办法。再说我对那里又不是特别熟悉，身上还背着这么多的采访器材……"

老板心里更有气了，就说："既然如此，那你另谋高就好了，我不想看到社里的员工不仅没有完成公司交给他的任务，还满嘴的借口和理由。我们需要的是在接到任务后，不管任务有多么艰巨，都会想方设法把任务完成，并且比别人做得更好的人。"

就这样，吉冉灰溜溜离开了报社，失去了这个令许多人羡慕不已的好工作。

在日常生活中，像吉冉这样遇到问题不懂想办法解决，而是找无数借口来推脱责任的人并不少见。对他们来说，上班晚了，会有"路上堵车"的借口，做生意赔了有"客户太狡猾"的借口，工作落后了也有"前段时间生病"的借口……他们这样做不仅让老板失望，也损害了公司的利益，阻碍了自己的发展。对一个中层领导来说，工作就是一种职业使命，就是不找任何借口地去完成任务，只有这样才不会让老板失望、让自己失职。

在工作中，如果总以某种借口为自己的过错和应负的责任开脱，第一次可能你会沉浸在借口为自己带来的暂时舒适和安全中而不自知，但是，这种借口带来的"好处"会让你第二次、第三次为自己寻找借口。因为在你的意识里，你已经接受了这种寻找借口的行为。不幸的是，这很可能会让你形成一种寻找借口的习惯。这是一种十分可怕的消极心理，它会让你在工作时变得拖沓而没有效率，会让你变得消极而最终一事无成。

寻找借口的习惯对人的危害很大，在工作中，中层领导应杜绝找借口的习惯。下面的几个方面是每一个中层领导应该做到的：

1. 勇于承担艰巨的任务

面对艰巨的任务，中层领导应该主动去承担。不论事情成败，这种迎难而上的精神会让大家对你产生认同，让老板对你刮目相看。另外，承担艰巨的任务是锻炼自己能力的难得机会，坚持这么做，你的能力和经验会迅速提升。

2. 对公司及产品充满兴趣和热情

利用每次机会，表达你对公司及其产品的兴趣和热情。当你向别人展示你对公司的兴趣和热情时，别人也会从你身上体会到你的自信及对公司的信心。没有人喜欢与悲观厌世的人打交道，同样，公司也不愿让对公司的发展悲观失望或无动于衷的人担任重要工作。

3. 延长工作时间

许多人对这一点不屑一顾，认为只要自己在上班时间提高效率，没有必要再加班加点。实际上，延长工作时间的做法的确非常重要。优秀的中层领导不仅将本职工作处理得井井有条，还会主动完成一些分外事情让老板看到你的努力。

坤 福 之 道

作为中层领导，如果你总是为自己找借口，就很难在工作中获得成长的机会。失败了也罢，做错了也罢，再好的借口对于事情本身也没有丝毫用处。无论什么样的人，如果为自己找借口，就等于为自己开了一扇通往失败的大门。

## 把合理要求当成锻炼，无理要求当成磨炼

上下级之间最主要的关系是要求与执行，上司布置任务，下属充分发挥才能去完成。但是在实际的工作中，除了合理的工作任务，我们也会经常遇到一些苛刻的甚至是极为无理的要求，上司以不容置疑的态度，让你去完成。这时你应该怎么办？

山东金玖生物科技有限公司研发部的张主任最近窝了一肚子火。有一个项目，本来需要3个月才能完成，结果上司却未与自己协商，就答应客户1个月之内保证完成。他前去询问，上司不仅不解释，还额外提了一些要求，加进这个项目中。

经此变故，原本已经进行了大部分的工作不得不做出巨大调整。所有的部门员工都开始每天加班到深夜，像拉紧的弹簧一样全速冲刺。即使如此，为了按期完成这个几乎不可能的任务，他只能牺牲工作质量以换得工作速度。虽然他尽了最大的努力，这个项目最后还是搁浅了，半途而废。

张主任心里对上司的意见非常大：为什么要为我布置根本无法完成的工作？这不是无理要求又是什么呢？

与他有相同经历的中层经理不在少数，上司有时会"故意"给你出难题、下绊子，让你去做一些特别难做的工作，或者干脆提出不合理的要求，使你度日如年、受尽折磨。

其实，我们需要从另一个角度来看待。上司合理的要求，是对我

们的锻炼。上司不合理的要求，又何尝不是对我们的磨炼呢？无论他安排的工作是否合理，我们都以一个平常心去对待，尽心尽力去执行，无论成败，都是一笔经验的积累，对未来的发展起到添砖加瓦的作用！

　　某酒店的一位李经理就是一个积极面对挑战与磨炼的中层，高层总是把他当成"补丁"。洗浴男宾部的管理最为混乱，就把他调过去。等到管理抓了上来，进入了正轨，可以过几天舒心日子了，又把他调到了最令高层头疼的清洁部门狠抓卫生管理。这里的情况好转了，还没来得及喘口气，他又被调到了当前工作最忙最累的客房部门，简直没有一个可以好好休息的假期。

　　大部分人面对这样的工作安排，早就怨言满天飞了：我刚把这里摆平，你又给我换工作，总拿我当出力不讨好的救火队员，是不是故意为难我？他们肯定觉得上司是有意跟自己过不去。

　　但是这位李经理从没有过一丝埋怨，而是将每一次新任务都看作是公司对自己的一次磨炼。他抱着兴利除弊的工作态度，认真执行上司的每一次安排，每次都圆满地完成上面的目标。三年后，他被调入了最高管理层，理由恰恰出自这段什么都干过的经历，他平和面对磨炼的心态足以胜任高级管理的重任，可以带领酒店面对未来无数的不可预知的难关！

上司的要求哪些是合理的，哪些是不合理的？许多中层肯定都有自己的答案。有的人会认为，该自己做的事，就是合理的；不该自己做的，上司如果给我，就不合理。有的人则认为，让自己没有面子的、根本没办法完成的要求，或者是故意设置难关的工作，就是无理的，会伤害自己的尊严，让同事和下属笑话。如果你抱有这样敏感的心态，那么接受挑战和磨炼的机会将越来越少，成功的希望也将越来越小。

山东景天堂药业有限公司曾经有个很有才能的中层，公司正准备提升她做一个营销项目的总负责人。在一次大型接待宴会上，上司安排她去操持酒水，协助上菜，她犯开了嘀咕：我好歹也是位中层干部，而且马上要升职了，怎能做这种没有面子的事情呢，多丢人呀！

　　虽然当时她听从了安排，但却耷拉着脸，内心愤愤不平，对要好的同事倾诉自己的不满，委屈得像个受了欺负的小媳妇。一位公司老总在旁边听得清清楚楚，微笑着过来安慰了她两句。她听了，更加理直气壮，还提高了嗓门，引得不少宾客都投来惊异的眼神。

　　没几天，上司把她叫到办公室，宣布她被降职了，让她去分公司负责一个冷门项目。

　　上司提一些看似无理的要求，其实是对你的信任与磨炼。上司希望通过增加工作难度的方式，给你提供挑战自我的机会，增强你的工作能力。你要知道，最锋利的宝剑都是从最炽热的烈火中冶炼出来的，温室里的花朵经不住大自然的风吹雨打！每一件小事情，都是对你一次难得的磨炼与检验，上司能够从中看出你的心态与工作态度。如果你因为一些"无理"的要求而抱怨的话，只会令自己失去接受考验的机会！

　　所以，合理的要求是锻炼，无理的要求是磨炼。抱着这样平和与积极的态度，才能成为被上司赏识的"骨干"中层，得到更多的晋升机会！

　　中层就是一个磨炼层，做得好是炼钢，会上升到高层，做不好的话中层就是炼狱，会被打压。上司合理的命令、指示、要求是锻炼，不合理的命令、指示、要求是磨炼。正确面对锻炼和磨炼，才能成为真正的"钢铁中层"。

## 跟上司搞好关系，但千万不可离他过近

不管上司对你有多好，都要谨记：别把上司当哥们！与上司保持适当的距离，永远不要将自己置于"心腹大臣"的位置，否则你从上司这里获得的好处，会在同事那里以十倍的数量失去！当然，跟上司搞好关系是必然的，赢得他的信任与重视更是你的工作目标，但千万不可离他过近，以至于踏进他的私密空间。这会让他不舒服，也让同事对你产生疏远的感觉。

"距离"是人与人关系的本质，太近了会产生斥力，太远了又会失去引力，只有在一个合适的距离，才能达到平衡。就像地球围着太阳转，月亮围着地球转。远了，引力就消失了；近了，地球就会掉进太阳，被高温毁灭，月亮就会撞上地球，同归于尽！距离产生美，也产生感觉良好的合作关系，彼此都有安全感。

一家著名的人力资源公司曾做过这方面的调查，结果显示：47.7%的中层与上司关系一般；36.7%的中层与上司界限分明，对他敬而远之；10.8%的中层对上司采取的是两面政策，表面亲近，暗地里常与同事数落上司的种种不是，达成同盟阵线；只有4.8%的中层坦言自己与上司保持着亲密无间的关系，距离相当亲近。

这说明中层经理们普遍明白上司与自己在地位和角色方面的不同，因此刻意保持着一个恰当的距离。这是无数人用亲身经历总结出来的经验，已经在职场达成了共识。和上司保持一种亲密的距离不一定是坏事，但如果太过亲近，就会惹来是非，要么侵犯到上司的威严，要么会引起下属的"嫉妒"与"非议"，在背后挖自己墙脚。到头来，受伤害的还是自己这个下属！

吴霞与她的女性上司不仅年龄相仿，性格也挺合得来，

工作风格也"臭味相投"，因此经过几次接触后，关系变得特别好。她们的生活爱好也惊人地相同，比如都喜欢同品牌的化妆品、服装，喜欢到同一家咖啡厅，喜欢同一个歌星的音乐。

所以，两人在一起的时间就比较多，上班一块来，下班一块走，平时没事就在办公室里关上门聊天，谈笑风生，让人羡慕！但是时间一长，这种亲密的关系就招来了员工的非议，传出了很多闲话，说她们是远房亲戚。

这位女上司听到了，从此就留了心，想慢慢地疏远吴霞，可是小吴却没感觉出来。有一天，上司正在办公室接待一位客户，吴霞没敲门就大步流星地走进去，像往常那样，笑嘻嘻地请她下班后去看话剧。上司的脸色一下变了，厉声地对她说："这是上班时间，不要谈论与工作无关的事情！快出去！"

没过多久，吴霞就被调到了另一个部门。即使两个人偶然碰到，也只是尴尬地点一点头，再也没办法回到以前那种自然的状态。

无论到什么时候，上司就是上司，你必须保持敬畏，保持几分仰视的姿态。这样一来可以维护他的权威和虚荣心，二来让你的同事抓不到把柄，无话可说。但是很多人却经常忽视这两个因素，以为只要搞定上司，就可以前途无忧。拼命地向上司靠拢，反而适得其反，不仅可能被同事算计，还会在上司那里彻底失去机会！

中层经理一定要记住：与上司的亲密关系不一定会成为自己的保护伞，相反会带来负面影响。

首先，距离太近，有可能知道上司的隐私，埋下不定时炸弹。没有一个上司愿意让下属将自己的隐私握在手中，因为这会是一个巨大的威胁。所以，当你有意无意地看到上司的隐私时，你不要以为这是好事，即便他当时乐意让你知道！

其次，和上司走得太近，会让同事小看你的能力，以为你是"关系户"，靠拍马屁生存。而且，还会认为你是上司的心腹和安插在他们之中的探子。于是，同事们就会结成同盟，联合起来"对付"你，造成你与同事之间的关系紧张，也会让下属看不起你。

任何把自己的地位建立在与上司保持亲密关系上的人，就像要在沙滩上盖一座坚实的房子一样是痴心妄想。看上去风景独好，其实一推就倒！因此，中层经理应该与上司保持一个能产生"美"的距离，既让上司有安全感，也让同事无法挖你的墙脚。

与上司保持适当距离的注意事项：

如无必要，尽量少单独在一起，比如一起吃饭、上下班或去休闲场所等；

少与上司开玩笑，太频繁就会让别人以为你们有亲密关系；

莫牵扯进上司的私生活，这很重要；

注意细节，不要在上司的办公室一谈就是半天；

最重要的，千万不可和异性上司之间有会被误认为关系暧昧的行为。

因为升职、加薪等这类职场生存事务都离不开上司对自己的评价和态度，所以，几乎每个人都希望能给上司留下好的印象，中层更是想被上司提携一把，有人认为只要和上司像朋友一样相处，自会于无声处柳暗花明，然而，这往往是一个误区。

# 第四章　低调做人：谨慎谦逊做配角，衬托上司主角光彩

　　身处职场之中，争强好胜，努力表现自己本没什么错，但如果你两眼一抹黑地去抢上司的风头就太不明智了。因为上司之所以成为上司，自有他的过人之处。他们在付出了数不清的辛苦和艰难之后，会有一种无论在任何场合都想做主角的欲望，所以，中层经理要"高调做事，低调做人"，若有表现或出风头的机会和场合，请不要忘了将上司推到前面。

## 想要在职场上立住脚，必须要视服从为天职

军队为什么会有战斗力？因为上至军官，下至普通士兵，最基本的意识就是"服从"。无论让你做什么，都要照做不误。军令如山，让你向前，前面是悬崖也要从容赴死！一个有强大服从力的团队是可怕的，它会战无不胜、攻无不克。对公司来说，服从性强的中层团队，代表着公司的希望和未来。对上司来说，无条件服从的下属才能更快更好地贯彻他的意图，并且带给他一种身为管理者的优越感！

所以，在上司面前，要服从，别找借口！哪怕你才华盖世，也要保持低调和起码的敬畏。

一家大超市采购部的经理程磊放下电话，就嚷了起来："糟了！那家公司便宜的东西，根本不合规格，还是维多公司的货好。"他狠狠地捶了一下桌子说："可是，我怎么那么糊涂，还把维多公司臭骂一顿，这下麻烦了！"

办公室主任张萌小姐转身站起来说："是啊！我那时候不是说吗，要您先冷静冷静，再写信，您不听啊！"程磊说："都怪我在气头上，以为维多公司一定骗了我，要不然别人怎么那么便宜。"程磊来回踱着步子，突然指了指电话说："把维多公司的电话告诉我，我打过去向他道个歉！"

张萌一笑，走到程磊桌前说："不用了，经理。告诉您，那封邮件我根本没发。"程磊惊奇地停下脚步，问道："没发？"张萌笑吟吟地说："对！"程磊坐了下来，如释重负，停了半晌，突然抬头问："可是，我不是叫你立刻发出的吗？"张萌转过身，歪着头笑笑，说："是啊，但我猜到您会后悔，所以就压了下来。"程磊惊讶地问："压了三个

礼拜?"张萌得意地说："对！您没想到吧?"程磊冷冷地回答："我是没想到。"程磊低下头去翻记事本："可是，我叫你发，你怎么能压？那么最近发南美的那几封邮件，你也压了?"张萌说："那倒没压。我知道什么该发，什么不该发！"没想到程磊居然霍地站起来，沉声问道："是你做主，还是我做主?"张萌呆住了，眼眶一下湿了，颤抖着问道："我……我做错了吗?"程磊斩钉截铁地说："你做错了！"张萌被记了个小过，但没有公开，除了程磊外，公司里没有任何人知道。真是好心没好报！一肚子委屈的张萌再也不愿意伺候这位是非不分的上司了。她跑到章经理的办公室诉苦，希望调到他的部门。章经理笑笑："不急，不急！我会处理。"隔两天，果然做了处理，张萌一大早就接到一份降职通知。

不服从上司的工作安排，后果只能是付出代价。张萌小姐就是擅自做主最后导致被解雇。作为中层经理，你必须知道，无论你帮上司管了多少事情，也无论上司多糊涂，甚至依赖你到连电话都不会拨的程度，但他毕竟还是你的上司，任何事也毕竟还是由他做主。所以，你不管任何时候必须服从。想要使自己在职场上立住脚，必须要视服从为天职。

在职场中，无论你处于何种职位，都不可能没有上司（除非你是最高管理者）。与上司打交道，一般会经历如下程序：接受指示或命令，执行任务，反馈汇报。一切工作都是从接受上级指示和命令开始的。当上司委派工作时，我们应立即停下自己手中的工作，准备记录。我们不应打断上司的话，要边听边总结要点，要充分理解指示的内容，明确完成工作的期限和主次顺序。当然，为了更好地理解上司的意图，我们可以要求上司解释一番，但若是你心不在焉，上司讲话的时候要"再说一次"，上司马上会觉得这个人对自己不恭，从而影响他对你的信任。

在职场中，有些中层经理经常会质疑老板和上司，不愿意服从，有些是"口服心不服"，执行起来敷衍塞责，应付了事。其实，出现这些想法，并不是老板的问题，而是你的态度出现了问题。比如有些中层服从意识淡薄，对上级的命令指示，喜欢讲价钱，讲条件，甚至搞"上有政策，下有对策"，表面一套，暗地一套；对各项规章制度，喜欢搞所谓的"变通""细化"，制定一些与制度相违背的"土政策、土规定"等。这些不仅会使企业正常的指令得不到及时的贯彻执行，而且会使团队养成一种恶劣的自由主义风气，久而久之，会影响企业的整体建设，损害企业的整体竞争力。显然，这是极其错误的做法，要早点改掉。

中层经理要学会尊重上司，对上司做出的正确决策，应及时、切实地执行。如果上司做出的决策确实与你的思路相差甚远，那也不妨先执行这个决策，然后私下里再找领导交流，提出你的看法，通过交流弄清上级领导做出此等决策的意图。这样，你才能知道在实际工作中，通过何种途径，在什么程度上贯彻上级决策。因此，服从上司是员工取得成就的必备条件。绝对服从，你就获得了在职场里成功的万能钥匙，从此以后，无论遇到什么样类型的老板，不管做的是什么样的工作，你都能成为最出色的员工！

坤福之道

中层经理需要个性，但是个性要服务于整体，而且必须无条件地服从。因为公司需要的是可以强力执行决策的中层领导，而不是虽有才华却经常出格、不服从管理的"异端分子"。在上司看来，前者哪怕能力稍逊、经验欠缺，也可以通过培训和锻炼逐渐提高；后者虽然能干，却效率低下，只会扰乱公司的管理秩序。

**聪明中层将功劳推给上司，把过错揽给自己**

中层经理在上司面前要"高调做事，低调做人"，尤为重要的是，切忌抢了上司的风头。在必要的时候，比如公众场合，将功劳推给上司，把过错揽给自己。这不是溜须拍马，而是上下级关系的真谛。一句外国谚语曾说："通过争夺，你永远不会获得满足；通过让步，你的收获比期望的还要多。"推功揽过，其实就是通过后退一步或牺牲自己的局部利益，来换取上司的信赖，从而为开展工作乃至个人发展奠定良好的基础。

中层经理在实际工作中取得成绩，这离不开本人的辛勤工作，但是也不难想象，如果没有上司的大力支持、协调帮助，中层经理就会被束缚住手脚，有能力而无法发挥。而那些被上司压制、打击或故意冷落的中层经理根本不可能创造出什么业绩的。所以，中层经理不能因为有点儿成绩就全归功于自己，而应重视客观外部环境所造就的有利因素。从公心而论，中层经理把成绩归功于上司的领导与帮助是有一定道理的。

其实，中层经理所干出的成绩是有目共睹，难以被侵吞或抹杀的。如果一个中层经理时刻注重维护上司的权威，有成而不骄，居功而不傲，他越是谦虚，就越能赢得上司的信任。很明显，这里是带有一点"舍生取义"的味道的，即舍去部分的切身利益来换取上司的工作友谊。"推功"表明你目中有人、尊重领导，承认上司的权威和领导，也显示了你对他的支持。你应该明白，上司要搞好工作总是需要忠心耿耿的追随者和支持者。一旦他把你当作自己人看待，就等于为你以后的工作扫去了无数的障碍。所以，那些争功诿过者真是"因小失大"呀！

因此，当中层经理做出一定的成绩，特别是做出了大成绩的时候，就要特别注意谦虚，注意突出上司，让上司走在前排，以防止上司出现心理失衡，影响今后的工作和彼此的关系。

　　我曾认识这样一位中层经理，很有才能，工作干得十分出色。在我看来，其各方面的能力要超过他们单位的上司。但是他这个人却特别谦虚，干出成绩来总是归功于上司的正确领导及同事们的支持，因此声誉颇高，"一把手"对他十分器重。那个单位的上司感到，让这样有才干的人做自己的副职，实在是委屈了他。因此，当同一系统的另一单位需要一位上司时，这位"一把手"极力向上级保举他的这位中层经理，并终于如愿以偿。现在，这位领导干得又很不错，我认为他前途无量。

中层经理不仅要善于推功，还要敢于揽过。

金无足赤，人无完人。一个上司再英明，也总有虑事不周的时候。更何况事情的成败又总要受到偶然因素、执行能力等的限制。所以，干工作犯错误是难免的，作为中层应当尽辅佐之能，尽量挽回损失，进行补救，而不应当说风凉话、看笑话、落井下石，做"事后诸葛亮"。因为这些做法不见得会给你带来什么好处。

从工作角度讲，失败并不可怕，可怕的是争相诿过。如果中层能从大局出发，主动承担责任，就会为上司创造更多的主动权和更大的回旋余地，为解决问题提供更多的机会，甚至扭转局面。如果领导班子内部互相拆台，把责任一股脑儿地推到上司头上，这就会降低他的威信，也会打击他干工作的信心和决心，这样往往会把工作搞得没有生气，结果对所有的人都不利。

这时，最忌讳的就是有人说："我当时就觉得这办法不好，结果弄成今天这个样子。如果按我说的办，绝不会是今天这种局面"。显然说这种话的人在推脱责任，或只是显示自己的高明，但结果绝不会很好。不但群众不喜欢这种"观火者"，更会招致一把手的厌恶。

从上下级关系而言，中层经理挺身而出，勇担责任其实是为领导解围，有利于上司维护权威、解决问题，因而他一定会从心里感激你。危难之时见真交，越是关键时刻，越是能看出一个人的真实本质。中层经理能够以大局为重，全力帮助上司渡过难关，一定会增进你们彼此的感情。在适当的时候，你的这种勇于献身的精神定会得到回报，你的损失也会得到补偿。

这里，应该把"揽过"与"当替罪羊"区别开来。首要一点就是，我们应该弄清"过"的性质，是否应该由自己承担以及要承担的后果。工作中的有些问题与上司的严重错误有关，这些错误往往是中层承担不起的，即使你将过错揽到自己身上，也不会有利于工作的开展，相反只会使上司的错误被掩盖过去，并影响到自身的发展。因此，强调中层经理要勇于揽过，绝不是说盲目地、不加分析地承担责任，而是根据具体情况，本着有利于开展工作、有利于改正错误的精神进行。

推功揽过不是"愚善"，而是人性的弱点使然。每个人对自己的评价都是高于实际水平的，上司也是普通人，所以你也需要适当地推功，如果这时你与他争功肯定是在制造矛盾。

## 与其说逆耳的忠言，不如说顺耳的忠言

俗话说："良药苦口利于病，忠言逆耳利于行。"话虽这样说，但大部分人都有本能地排斥别人批评的心理。千万不要相信所谓忠言逆耳，当"逆耳"的时候，没有人会愿意接受。所以，再怎么理由充分，再怎么合情合理，说话都要注意技巧，有时候需要拐弯抹角，把话说得谦虚、温柔、好听，领导才肯接受。

但在职场中，面对领导的疏忽和失误，中层一定不能视而不见，

要有勇气向领导提意见。要想让领导认识到自己的错误，直言以对固然是一种勇气，但这样的话会让领导对你产生不好的印象，还会影响你的职业发展。

　　一个人的能力是有限的，干工作、办事情不可能是十全十美的，人生在世，难免要犯这样或那样的错误，领导也不例外。在发现领导犯了错误后，很多中层心直口快，不懂得遮掩和委婉，当众毫不留情地指出，让领导觉得很没面子；还有一些中层直言领导的错误，领导表面上欣然承认了自己的错误，但在心里对于你这种行为却十分抵触。俗话说："良言一句三冬暖，恶语伤人六月寒。"在面对领导犯错误的时候，我们应该在良药外面裹上一层糖衣，让听的人更加容易接受。

　　刘珍是山东伊芙罗蔓化妆品有限公司统计部门的主管经理，名牌大学毕业，又在国外公司任过职，是名副其实的海归，所以经常在公司炫耀自己的能力。她一直对自己现在的职位不满意，认为自己应该"更上一层楼"。但是，公司一直没有进行人事调动，所以她只能屈居人下。

　　有一次，总经理在办公室召开领导小组会议，当时公司的高层以及各个部门的人都在会议室里。总经理在上面做下季度展望时，刘珍出现了与领导不同的意见。

　　刘珍立马站起来说道："总经理，不好意思，打断一下。我不同意您的看法，我认为咱们明年应该……"总经理耐着性子解释说："这只是初步的计划，有很多地方尚需修改，因为不必过于纠缠某些细节。"弦外之音就是希望给自己点面子。但是刘珍毫不顾忌，依旧大声地争辩，把总经理在这份方案上的失误无限放大。最后总经理勉强地笑了一下，说："那我可能是没有考虑全面，谢谢你的建议。"

　　刘珍还为这件事沾沾自喜，觉得自己捡到了一个机会。但是令刘珍没有想到的是，等到公司人事调动时，她不仅没有得到晋升，反而调到了一个没有前途的部门。

刘珍错在当众与领导唱反调，给了领导一个很大的难堪，并且给领导留下了一个不好的印象，才会遭到贬职。其实，对待这种事情，刘珍完全可以在私下向领导进言，说不定还会让上司感恩于心，事情的结果也会改写。

领导是一个团队的核心人物，决定了团队发展的方向，可是世界上没有十全十美的人，再聪明的人，也会有考虑不周的时候。那么这个时候，作为中层，除了忠言要顺耳以外，要如何向领导进言呢？

第一，你必须首先确定，你的上司的确犯错了。如果没错找错，他可能会觉得你在示威。

第二，即使你的同事都对上司的错误表示不满，你也万万不可用团体的名义与上司交流。这会让上司觉得你们在联合起来向他摊牌，而你就是那个"带头大哥"。

第三，选择最恰当的时机。太早，火候不到，让他感觉莫名其妙；太晚，于事无补，让他认为你是"事后诸葛亮"。而且，一定要注意上司的心情，好心情的时候总是最容易沟通的。

第四，选择最适宜的场合。不要在公开场合直接指出他的错误，当着一群下属的面被揭短、被否定，他会很尴尬，继而很愤怒，然后你就惨了。每个人都爱面子，身为管理者的中层，你应该清楚这一点。所以，私聊应该是排在第一位的选择。

第五，即使是顺耳的忠言，也切忌挑战上司的权威。你可以对他的某种思路表达委婉的谏言，但绝不要质疑他的能力。换句话说，只针对具体问题，不要从宏观上把他"打倒"。

第六，注意谈话的技巧。要让上司知道你的出发点是为他和公司着想，而不是想让自己出位。

最后，要懂得适时放弃无用的争辩，学会以退为进。当局面陷入僵持时，如果你不知进退，非要证明你自己是对的，那么结果很可能就是适得其反，无益于问题的解决！

"良药苦口利于病，忠言逆耳利于行。"这个道理人人都知道，但在现实生活中，人们还是更喜欢喝不苦之药，更喜欢听顺耳之言。在一般情况下，如果把劝诫、批评上司的话说得更温和、更顺耳一些，效果会更好。

## 得罪人的事自己做，扮好人的机会留给上司

中层是夹心饼，沟通上与下，所以中层最难做：既要让上司满意，又要管理好自己的团队和员工。有时，上司需要做好人，而你却要以"坏人"的角色出现在员工面前，比如宣布一些削减福利的决定、延迟加薪的月份，或者提高工作量等等。消除这种尴尬，需要中层经理巧妙地把握"好"与"坏"之间的分别。

上司给你布置一个任务，让你去执行。你拿过方案一看，确实对公司很有利，但对下面的员工来说，却是一个难度极大的工作，加班加点，费时费力，做起来很麻烦。显然，工作做成了，上司在老板眼中就成了好人，而你在下属眼中却是不折不扣的"坏人"，难免落下埋怨。

再比如，作为部门负责人，你要宣布诸如迟到要罚多少钱这类明显伤害员工利益的事情。此类规定对公司当然是有益的，而对员工却是严厉的约束和惩罚，以激励他们工作的积极性。那么在与员工沟通的过程中，首先你要勇敢地承担这个坏人的角色，不让自己的上司为难；其次，当然要采取合适的方式，降低员工的抵触情绪，说服他们，并取得他们的理解和支持。

中层经理别怕做坏人，要敢于做坏人，只要秉持一个原则：做人靠真实，做事靠沟通！那么，无所谓得罪人，员工即使嘴上有抱怨，

内心也会理解。就像王永庆说的，中层管理者的问题恰恰是愿意做坏人的越来越少，大家都只想做好人，因为怕得罪人，所以都墨守成规，不敢仗义执言，也不想破旧立新。最终，这样的公司虽然一团和气，却也是一潭死水，毫无生机！在竞争激烈的市场上死掉是早晚的事情！那时，作为中层的你，连好人也没得做了。

有一次，山东智昀生物工程有限公司领导给王涛的部门布置了一个很着急的任务，要求他们必须按时间完成。王涛知道这个任务一旦布置下去，员工们肯定都会抱怨连天，因为这需要整个部门的员工牺牲一个月的周末来加班工作。

为缓和下属们的抱怨情绪，王涛在宣布任务时说道："有一个重要任务，是我从领导那里争取过来的，这个任务必须完成。如果有谁敢不配合工作，擅自请假，必将严格处罚！"随后，王涛缓和语气说："虽然完成这个任务需要大家牺牲休息日，但这将会提升我们在整个公司的分量。为了犒劳大家，公司的上层领导已经承诺，在五一期间将会奖励我们整个部门三日度假游。另外，如果能够超额完成任务，我们这个月的项目奖金也非常可观！"

听王涛这么一说，下属们的不满情绪一扫而光，转而变成了期待和向往。在这种兴奋情绪的激励下，整个部门都干劲十足。一个月之后，任务超额完成。为此，王涛不仅获得了上级领导的表扬，同时他也兑现了对下属奖金和度假游的承诺，使下属们真正得到了实惠。

从上面的案例中可以看出，王涛是一个出色的中层管理者。在需要驯服下属的时候，他毫不退缩地充当了唱白脸的角色，使下属在工作中不敢有丝毫的怠慢，从而为高层管理者减掉了不必要的麻烦。而在需要唱红脸的时候，王涛又巧妙地把领导"请"出来，以领导的名义来奖励大家"三日度假游"，其管理策略真可谓灵活多变、进退自如。

如果我们将公司管理构架比作一座金字塔，那么位于金字塔顶端的是公司的上层管理者，位于中间位置的是中层管理者，位于最下面且数量最多的则是普通员工。

一般来说，一个公司能否发展壮大，根基是否稳固，主要体现在对普通员工的管理上。在对员工的管理中，高层管理要做的就是增强内部凝聚力，向他们传递一种积极、乐观的敬业精神。也就是说，高层管理者要以红脸形象示人，而且要把红脸唱到底。如果高层管理者既扮演红脸又扮演白脸，会使员工失去方向感和安全感，从而降低工作的积极性。

中层管理者位于整个企业的中间层，是最了解高层管理者意图的人。他们的主要任务是准确无误地把高层领导的工作精神传达下去，并带领基层员工开展具体工作。如果中层管理者想提高基层员工的工作效率，就不能唱红脸，而是要用白脸的威严来鞭策他们，使他们意识到如果完不成工作任务或工作出了问题，将会被惩罚。

上司总是会戴着好人的面具出现，作为下属的中层经理，自然只能拉下脸来，以"恶人"的身份出现，身体力行地去解决一些问题。虽然会伤害某些人的利益，但是从公司的利益和上司的立场出发，又不得不做。

表面上，当坏人有让自己被"千夫所指"的风险，但背后却蕴藏着难得的机会。你执行的是高层的决策和命令，敢于面对人际冲突，会因此受到公司高层的欣赏。在这个过程中，你也会得到极大的锻炼，因为学会做坏人，本身就是一项极其重要的管理思维！所以，需要你当"坏人"的时候，勇敢地站出来吧！

当"坏人"不是"背黑锅"，而是一种合理的管理分工。事情总要有人去做，尤其是一些"得罪人"的工作，如果你总希望上司替你遮风挡雨，承担尴尬的角色，你躲在后面当好人，那么你很快就比他更尴尬——走人。

## 主动请示汇报，让上级能及时了解工作进展

不管在哪个工作岗位上，都要主动向领导请示汇报，这是能让我们少走弯路、少犯错误的重要方法。尤其刚走上领导岗位的中层领导更是如此。由于角色发生了变化，必须站在更高的位置看待问题，对事情必须做出全局的判断。这就需要我们经常主动向上级请示汇报，正确领会上级意图。经常主动向上级请示汇报对促进我们的工作及自身发展具有重要意义。

朱蒙以前在济南康民药业科技有限公司中只是一个小小的部门经理，在短短的几年时间里，他迅速晋升为副董事长，在外人看来这是很不可思议的事情，很多人也都向他取经。他只告诉了这些人一句话："我成功的秘诀就是擅长及时、准确地向领导汇报工作。"在朱蒙刚刚进公司的时候，他确实不引人注目。一次很偶然的机会，董事长把一件比较重要的任务交给他完成。他很珍惜这次机会，但是并没有像其他的部门经理那样，接到任务就开始苦干，遇到不会的问题也不敢问领导，生怕领导会认为自己的能力不行。朱蒙把任务分成了两个阶段，在完成第一个阶段的时候，找了一个合适的机会向董事长汇报了进度，而且还把自己遇到的问题和不懂的地方记在了笔记本上，在汇报的时候，借着这一点时间

向董事长寻求答案。

　　他的这一举动给董事长留下了深刻的印象，在他顺利完成那项任务的时候，受到了公开的表扬。在以后的工作中他经常接到重大任务，慢慢地自己的能力也上去了，成了众望所归的副董事长。

　　朱蒙"及时汇报工作"的好习惯成就了他，在汇报的过程中，他不仅让领导了解了工作的情况，也给自己的工作做了总结，在总结汇报中不断地成长起来。工作是领导分配的，他们有知道进程和结果的权力，作为下属也有让领导知情的义务。如果在完成任务的过程中，没有及时地向领导说明情况，就会让他担心工作能不能按时完成。如果你完成了工作却有领导不满意的地方，那么你的能力就有可能受到质疑。那么，中层领导在平时工作中，应如何向上级请示和汇报工作呢？

　　1. 汇报工作要做好准备

　　上级领导由于负责的工作比较全面，时间非常宝贵，对基层的各项工作不可能都去实地了解，但又必须掌握各项工作的进展情况以及存在的问题，以便对整个单位的工作进行宏观的把控。因此，在向领导汇报之前，一定要做好充足的准备，把需要的资料整理齐全，在领导有疑问的时候，可以快速地给予解答。汇报的过程要简明扼要，挑重要的事情说，不能事无巨细、不分重点地汇报出所有的细节。领导都有注重结果而不注重过程的习惯。中层领导在请示和汇报工作时，要切记这一点。

　　2. 汇报工作要选准时机

　　在工作的进程中，向领导报告是必要的，这是你和领导沟通的桥梁，既让领导知道了你的工作进度和初期的成果，也可以让领导给你接下来的工作做一些相关的指示。在每一阶段工作结束之后，先不要沉浸在喜悦之中，此时是给领导做一个总结汇报的绝佳时机，汇报内容可以包括取得的成果、目前还存在的问题、对这次任务的一些看法等，在汇报的最后还可以表扬一下为工作做出突出贡献的同事和下属。及时的汇报会让你给领导留下深刻的印象，也会让领导详细了解工作的完成情况，对工作做出一定的评价，相信这时的评价会让你受益匪浅。

3. 发现问题要及时请示

当你的工作出现了差错，或因为其他的某些原因不能按时完成的时候，也要及时向领导汇报，这时千万不能只想着靠自己的努力去解决问题。要先向领导汇报，做一个深刻的检讨，说明一下自己的错误。然后，再提出解决问题的方案，让领导对方案做一个评价。这样会让领导觉得你是勇于承担责任的，也只有这样，领导才会放心地让你继续完成工作。

一个成功的中层领导不仅要让自己的下属及时地汇报工作。也要要求自己及时地向上级领导汇报工作。在汇报的过程中，中层领导不仅会得到下一步工作的指示，还会得到领导对自己工作的指导，让自己更快地成长。通过汇报工作让领导知道自己的工作能力，从而得到领导的信任和器重，使自己的事业蒸蒸日上。

其实，上级也是人，他也希望下属有一些主动的表现，尤其是汇报工作。再者，上级常常有太多的事情，他不会花太多的精力关注下属，当然也无法确切知道下属到底在做什么。所以作为中层领导，你遇到问题不要怕上级知道，也不要一味等待上级来找你。正确的做法是无论喜忧，你都要主动向上级报告工作，与上级多沟通，只有这样你才能最大限度地得到上级的信任与赏识，从而不断得以晋升。如果你只知道一味勤奋，凡事不主动，你与上级的隔膜肯定会越来越深，无论多有才干，也很难被关注和重用。

中层领导在平时的工作中，要多请示、多汇报，勇于表现，善于

表现。摒弃"不叫不到"的被动做法，打破"无事不登三宝殿"的保守态度，在恰当的时间、恰当的地点通过恰当的话题和方式与上级领导进行沟通，使上级领导能及时了解你的工作进展，掌握问题困难程度，在工作中能给予你更多支持。另外，通过向领导请示和汇报工作能及时纠正自己工作中出现的偏差，保证上级的决策能不折不扣地执行，减少误会的发生，同时也增加中层领导展示才华、取得成功的机会。

## 纠正领导的过错时，巧妙地把指责变为商量

上司只是普普通通的一个人，所以很多时候都不是万能的，也有做错事情的时候。作为下属的你，这个时候一定要纠正上司的错误。不过，纠错的方式方法很重要。

心理学家研究表明，谁都不愿把自己的错处或隐私在公众面前曝光，一旦被人曝光，就会感到难堪或恼怒。在上司有错的时候，作为下属的你纠正时一定不要在公共场合人多的地方，这样会使上司很难堪，大丢面子。今天你让他丢了面子，明天他就有可能让你丢了饭碗。

济南秦鲁药业科技有限公司上周招聘了20名业务员，安排在本周二统一进行培训，培训三天，培训由具有多年培训经验的副总经理主讲，人事部从旁协助。

周二上午8点，20名公司的新业务员穿着统一的服装整齐划一地坐在培训教室里，等待着培训的开始。不一会儿，副总经理来到了教室，从人事部经理手中接过一份名单，副总经理要点一下名字，看人员是否到齐。当副总经理念到"王土明"的时候，教室里一片寂静，无人应答。接着，副总经理又念了几遍"王土明"，还是无人应答。

这时，一位业务员突然站了起来，没好气地说道："错

了，领导，我叫王士明，不是王土明。"话里透出深深的指责。顿时，教室里发出一阵低低的笑声，副总经理的脸色一时变得很难看。

"报告副总，我是人事部的打字员，我把字打错了。对不起。"站在人事部经理旁边的一位小伙子赶紧说道。

"太马虎了，下次注意。"副总挥挥手，接着念了下去。

培训结束后，没过多久，那位叫王士明的新业务员就被辞退了，而人事部的那位打字员却被调到副总经理身边做了助理。

大多数时候，只要是人，就难免因一时糊涂做错事情。遇到这种情况，就需要把握住指责别人时的度：既要指出对方的错误，又要保留对方的面子。业务员王士明在指责副总时，虽然指出了错误，但是却让副总在众下属面前丢了面子，他就是没有很好地把握这个度。

上司犯错误是难免的，而聪明的下属在纠正上司的错时往往都是把指责上司的错变成跟上司商量问题。

下午刚上班，一份文件摆在了祝顺的办公桌上。祝顺打开一看，是关于奖励销售人员去度假的。可是紧接着往下看，祝顺却皱起了眉头，原因是文件里注明参加度假的只能有8位人员。这一下子让祝顺这个销售经理犯难了，因为销售部的销售人员有10个人，工作都很努力，如果只去8位，那剩下的两个人肯定不干。祝顺拿起电话问了相关人员，得知是蔡总弄错了销售部的编制。

祝顺找到了领导蔡总，说："蔡总啊，谢谢您这次给我们销售部这么大的奖励。"蔡总说："这都是你们应得的！"

"找您商量个事情，行吗？"祝顺最后神秘地说。

"有什么事你说吧。"

"蔡总，是这样的，我看文件上说参加度假的只有8个人。可是我们部门有10名销售员呢。如果去8个人，剩下的两个人肯定会心理不平衡。"当祝顺说道"10个人"的时候，蔡总脸色一变，说："那你认为该怎么办？"

祝顺回答说："激励总比不激励要好。您看能不能这样，为了整个销售部的战斗力，再增加两个名额？反正公司都已经决定花钱奖励了，再多两个人去也是一样。到时把吃喝住行各方面的标准稍微降下一点，这两个人的钱不是就出来了吗？您看，这样能行吗？"

蔡总看祝顺没有点破自己搞错人员名单的事情，就会心地一笑，说："好吧，我一会儿跟有关人员说一声，就按你说的办。"祝顺走出办公室的时候长出了一口气。

纠正上司的错误时，要以亲切的话语作为开场白，言辞不但要婉转，语气还要尽量温和，最好能用商量的方式，变指责为讨论。实践证明，迂回战术让你无往而不利，直捣黄龙让你得不偿失。像祝顺一样，不但巧妙指出了问题的所在，还提供了问题的解决方案。他说话时，婉转地暗示上司所犯错误的同时，还没有让上司感到难堪，不但保住了上司的面子，而且还让上司改正了错误。

如何才能让犯错却不自知的老板明白自己的错误，这也是需要技巧的，下面就来归纳总结一下：

第一，请先确定到底是不是上司犯的错，这是重中之重。如果对上司犯的错误持怀疑态度，不能百分百确定的话，最好还是仔细地确定一下，这个错误到底是不是上司犯的，或者上司犯的错误是不是真的算错误。

第二，一旦确定是上司犯的错，那么就要开始找个合适的时间并且观察上司的脸色，然后找个合适的场合，再设计一段好的开场白，对上司犯的错"点到为止"。

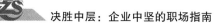

第三，切记不要在公共场合直截了当地指责上司的错误，因为这只能算是"匹夫之勇"。老板的面子非常重要，从古到今皆是如此。因此，请等人群散去时，私下找上司谈。

是人就会犯错，领导也是人，也会如常人一样犯错误。领导犯错误并不可怕，可怕的是下属纠正领导错误时的方式。直接批评领导是最不明智的做法，能避免就尽量避免，因为这种做法很有可能让你成为"刀下之鬼"。而如果你采用的方法得当，在纠正领导过错时，变指责为商量，那么你就很有可能成为"一代名臣"。

## 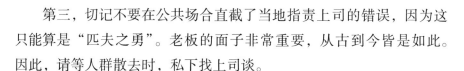做好引导工作，使自己的看法变成上司的想法

向上司提出自己好的建议与计划，指出上司的决策失误及不妥当之处，是每个中层领导应尽的职责。然而，良言即便是"金玉"，也不可无所顾忌，不管上级讲如何喜欢批评，欢迎"进谏"，如果你的语言尖刻，都会惹得上司不高兴。

下属过于直接的批评方式，往往会使领导觉得脸上无光，威信扫地。这种方式使得问题与问题、人与人面对面地站到了一起，除了正视彼此以外，已没有任何回旋余地，而且，这种方式最容易造成对方心理上的不安全感和对立情绪。如果遇到固执、跋扈的领导，非但你的建议会石沉大海，甚至连你这个人也可能一同下岗。所以，当你在向上司提建议时，一定要学会变通，讲究技巧，因人而异。

公司的一款早教学习机需要赶在"六一"儿童节到来之前上市，于是公司的上层领导要求公司所有部门都要加快进度。身为程序部主管的朱启建认为任务目标实在是太高了，即使加快进度，也根本不可能实现。再过两天就要分配业务

指标了，朱启建觉得必须要给经理提点建议，要不然等到指标公布了再想修改就难上加难了。

但是，虽然急在心里，在会上朱启建却没有提出来，因为这样提出来会让领导下不了台，而且现在自己也没有其他的方案。于是在会后，朱启建苦思冥想，终于在保证进度的基础上，想出一个办法，那就是申请招聘几个程序员。

中午的时候，朱启建看见办公室里只有经理一个人，于是朱启建敲门进去了。

朱启建对经理说："经理，我明白我们需要加快进度，也会努力完成任务。不过，我想请教一下，怎么才能保证那样的进度呢？"

于是经理说："当然是要你们更加努力喽，不要再偷懒，坚持加班。"

朱启建说："经理，我们当然没有偷懒，而且你看我们每周六都加班，其实我也想周日加班，不过像我这么身强力壮的人不碍事，就怕同事们吃不消啊。"

经理马上否定了朱启建的想法说道："周日是不能加班的，天天上班，只会让员工们产生厌倦心理，这样公司也太不人道了。"

这时朱启建知道时机到了，说："经理，我倒是有个主意，可以再招聘几个程序员，这样可以大大提高我们的效率。"

一番思索之后，经理说："好的，这个我会考虑的。把人事部的郝经理叫过来吧。"

几天后，朱启建知道自己的建议被领导采纳了，因为已经有好几个人来公司面试了。

其实，换一个角度，如果你是领导，面对一个直言进谏的下属和一个通过请教自己的方式提建议的下属，想必你也是觉得后者更具有人情味，也更欣赏后者的"进谏"方式。试想，如果案例中的朱启建，不知道世故人情，不知道维护领导的面子，在听到经理下达的任务指标后，气冲冲地当场指出困难程度，那么很可能会招致领导的不快，不仅达不到自己的目的，还很可能从此得罪领导。

　　沙利克是阿里雷扎家族公司的智囊，他的提议一向有效，很容易被老板接受，而他的一位英国同事杰克却经常吃"闭门羹"，有时甚至碰得一鼻子灰。后来，杰克不得不虚心向沙利克请教。

　　沙利克笑着解释说："其实，我哪有什么妙招，关键在于你表达建议的方式可能未顾及老板的面子。我们公司实行个人决策和统一管理，因而万一公司主要决策者做出错误决定，其他人员很难更改，因为这有伤决策者的面子。如果下属要向上级提意见，或者希望改变决策，前提条件是必须先顾全上司的面子。如果是我的话，我会先一声不吭、言听计从，然后在执行过程中，伺机再提出建议。由于环境因素的改变，原先的决策需要做某些调整改动，所以这时提出建议，老板一般都会欣然接受。而你的做法却不是这样！你常在老板做出决策的时候，就当着众人的面唱反调，不是摆明了不给领导面子吗？所以，你的提议再好，他也要断然拒绝了。"

从这一事例，我们可以得到很好的启发：将"意见"转化为"建议"，的确不失为向上司提意见的上等策略。首先，这是站在上司的立场上，最终是为了维护上司的权威，出发点是善意的。其次，这种策略是一种温和的方式，能够充分照顾上司的自尊，易于被上司接受，效率较高。

作为一个有责任心的下属，在发现上司决策失误时，从维护公司利益出发，应对其提出忠告和建议。那么，怎样向上司"进谏"才能取得理想效果呢？

1. 多说"可以"，少加"否定"

这包括两层含义：其一，要多从正面去阐述自己的观点；其二，要少从反面去否定和批驳上司的意见，甚至要通过迂回变通的办法，有意回避与上司的意见产生正面冲突。

2. 多"桌下"，少"桌面"

下属向上司提出忠告时，要多利用非正式场合，少使用正式场合，尽量与上司私下交谈，避免对上司公开提意见。这样做不仅能给自己留有回旋余地，即使提出意见出现失误，也不会有损自己在公众心目中的形象，而且有利于维护上司的个人尊严，不至于使上司陷入被动和难堪。

3. 多"引水"，少"开渠"

对上司"进谏"不要直接去点破上司的错误所在，或者越俎代庖地替上司做出你所谓的正确决策，而是要用引导、试探、征询意见的方式，向上司讲明其决策、意见本身与实际情况不相符合，水到渠成地使上司在参考你所提出的建议后，做出你期望的正确决策。

坤福之道

作为一个聪明的中层，要想使自己的看法变成上司的想法，在许多时候应尽力做好引导工作，巧妙地提出建议、提供资料，其中蕴含的结论，最好留给上司自己去定夺。

# 第五章 团队建设：队伍是带出来的，
## 不是招聘来的

　　很多人都想成为优秀的管理者，都希望自己能马上拥有一个最优秀的团队，但是，优秀的队伍不是招聘来的，而是带出来的！究竟什么样的领导才能带好人，才能带出优秀的团队呢？对此，也许每个人心中都有不同的答案，但总结起来，还是有规律可循的。

# 整合团队的力量，避免一个人单打独斗

武侠小说中有很多武林高手，他们大多是顶天立地的孤胆英雄，拥有绝世无双的武功，但却注定成不了一呼百应、统率江湖的武林盟主。因为他们都是"独行侠"，沉默地独来独往，将所有的问题都自己一肩挑，既不为别人承担，也不去麻烦别人。"独行侠"们缺乏与他人良好的沟通，与团队默契合作的能力，更不可能带领团队成长和发展。

因此，我们可以下此断言：好领导绝不是独行侠！好中层要发挥团队的力量！

被誉为日本"经营之神"的松下幸之助，就深深地知道："好领导绝不能独来独往，他所做的一切，都必须为整个团队的成长负责，否则就顶多只是一个精于专业的技术员，永远无法成为一位真正的管理者。"松下幸之助不但是这样要求自己的，也这样要求自己企业中的中层管理者。

有一个时期，松下幸之助预测到家用电器中大量使用小马达的时代即将到来，于是就委任非常优秀的研发人员中尾担任新产品研发部部长，负责研制小马达。中尾接受任务后，立即通宵达旦地研究起小马达来。有一次，松下幸之助正好经过中尾的实验室，看到中尾辛苦地工作，非但没有表扬他，反而狠狠地批评了他一顿。这是为什么呢？就连中尾自己也想不明白，非常委屈。

可是松下幸之助这么做，却有着他的道理。松下幸之助对中尾说："你是我最器重的研究人才，可是你的管理才能我实在不敢恭维。公司的规模已经相当大了，研究项目日益增多，即使你一天干24小时，也无论如何完不成那么多工作。所以，作为研发部部长，你的主要职责是培养10个，甚至100个像你这样擅长研究的人，我相信你能做到。"

从这番话里，我们可以清楚地看出领导者对中层管理者的要求，那就是中层管理者不能永远只埋头做自己的事情，更关键的在于他要学会做团队的指挥家，让团队中的每一个人，都知道该做什么，该如何做。

后来松下公司不仅研制出了开放型的三相诱导型电动机，而且还挤垮了日本最大的电动机生产厂家——百川电机。百川的老总来找松下幸之助，他说："我是专门做马达的，你是做电器的，我做了一辈子马达，我有很多优秀的电机专家，可是你居然用三年时间就把我挤破产了。你推出的产品既比我的技术水平高，也比我的更受市场欢迎，你是从哪里招来的专家打败我的？"

松下幸之助说："没有，我的所有专家全是内部员工！我只是把很多员工变成了专家。你有几十个优秀的专家，但却没有几百个优秀的员工，我正好相反！"

松下幸之助的这番话中，蕴含了两层含义：

第一，优秀的专家不等于优秀的中层管理者。优秀的专家只盯着自己的业务，淬炼自己的技术，而优秀的中层管理者会时刻着眼于团队，将团队中的每一个人都培养成栋梁之材。

第二，优秀的中层管理者。不仅要起到领头羊的作用，更要起到指挥家的作用。优秀的中层必是手握指挥棒的领导，善于集合团队的力量，而不是一个人单打独斗。这其实就是松下幸之助检验一位中层管理者是否优秀的重要标准之一。

松下幸之助有这样一个观念：我们不做第一，但是要做比第一更快的第一。他为什么能做到这一点？就是因为他要求公司的中层，能够培养出两个、三个甚至几百个优秀的人才，集合团队的力量，这样才能在竞争中脱颖而出。

这充分地说明了优秀的专家发挥的作用要逊色于优秀的中层管理者。因为优秀的专家靠的是自己的技术，而一个优秀的中层却可以培养和调动几百名优秀的专家技术人员，集合团队的力量在竞争中脱颖而出。

优秀的中层管理者，都善于集合团队的力量，而不是一个人单打独斗，能带出一个好队伍的中层才是一个合格的中层管理者。这就是松下幸之助挑选优秀中层领导的首要标准。

优秀的中层不会事必躬亲，因为他能将团队成员合理搭配，使团队成员做到分工协作，充分发挥团队的作用，这是聪明的中层领导必须掌握的管理方法。否则，企业的中层领导就变成了一个精于专业的技术员兼行政传递员，而不是一位真正的管理者。

那么如何才能握好手中的指挥棒，发挥团队的正能量呢？下面是给中层管理者的几点建议：

1. 制定有效的目标。作为一个部门的领头羊，必须要有明确有效的目标，才能带领团队朝着共同的方向前进。

2. 积极地与上级领导沟通，得到他的支持和帮助。和上级充分沟通，使其了解我们的目标及达到目标的方案，得到上级的支持和帮助是高效完成任务的关键。

3. 了解团队每一位成员的优势与劣势。对于团队每位成员的特长及弱点要有充分的了解，才能做到准确合理地分兵派将。

4. 把目标细分。根据确定的目标制订具体的实施步骤，让合适的人负责合适的任务。

当你把握了这四个要点后，就不难成为一个优秀的中层管理者，让团队合唱出最动听的歌声！

避免孤身作战，整合团队的力量，让更多的成员为己所用，这才是真正的优秀管理者。作为中层管理者，要时刻谨记，自己优秀固然重要，但是更重要的是能打造杰出的团队，充分发挥团队的力量。

## 树立共同的目标，让成员自觉地承担责任

在团队建设上，有人做过一个调查，问团队成员最需要领导者做什么，70%以上的人回答：希望领导指明目标和方向。问团队领导最需要团队成员做什么，几乎80%的人回答：希望团队成员朝着目标前进。

由此可见，作为一个团队，必须要有清晰的目标和方向。团队目标是一个有意识的选择，并且有能够表达出来的方向，它综合了团队成员的才力和能力，能够促进整个团队发展，让团队成员在向这个目标奋进时和实现它以后有一种成就感。因此，在建立团队的同时，可以把团队成员的目标进行统一。

团队目标直接表明了团队存在的理由，能够为团队运行过程中的决策提供参照物，同时也是判断团队进步的可行标准，而且为团队成员提供一个合作和共担责任的焦点。

但是，能"共担责任"的前提是团队中每个成员自己要有清晰的内部职业目标。作为一个团队的领导，在创建团队目标之时，首先应该让团队成员明确地知道各自在团队中的发展目标。所以，帮助员工适应并尽快确定工作目标非常关键。

由吴承恩创作的小说《西游记》，绝对是经典且精彩的。无论是原著还是之后以电视剧的形式展现在读者或者观众眼前的每一个引人入胜的故事，无不令人叫绝。更值

得我们学习的是师徒四人团结一心，战胜千难万险的精神。从现代企业管理角度来看，唐僧师徒四人的组合堪称一个优秀的团队。

唐僧一心向佛，意志坚定，有坚韧的品性和极强的原则性，在整个取经过程中，鼓舞着三个徒弟不怕困难，勇往直前；孙悟空本事高超，神通广大，一路斩妖除魔，如果没有他，其他三人早就被妖魔鬼怪当作美餐吃掉了；沙和尚一路任劳任怨，帮助唐僧挑担；八戒虽然油头滑脑，喜欢偷懒，又是一个好色之徒，但是性格开朗，能够接受任何批评并协助悟空战胜妖魔，作用亦不可忽视。

如果把唐僧所担当的角色拿到企业团队中来说，无疑是一个具有领导能力的领导。他德高望重，因此受到徒弟们（团队成员）的拥护和爱戴，大家甘愿服从于他。再者，他为三个徒弟，也就是团队中的成员指明了一个很清晰的目标，就是去西天取得真经。

因此在唐僧的带领下，师徒四人才可能为了这个终极目标，在漫漫的取经道路上战胜九九八十一难，没有被其中的艰苦阻碍西行的脚步。最终，他们克服重重困难，取得了真经，修成了正果。

在进行团队建设时，确定清晰的目标可能是相对比较容易的，但要将团队目标灌输给团队的每一位成员并形成共识，也就是让团队成员自觉地共同承担起责任来实现团队目标，可能就不是那么容易的事情了。

所谓共担责任的团队目标，并不是要团队每个成员都完全认同这个目标，而是尽管团队成员存在不同观点，但为了追求团队的共同目标，各个成员能够求同存异并对团队目标有深刻的一致理解，并在关键时候永远"以大局为重"。

台湾著名的企业家——台塑集团创办人王永庆非常重视建立团队共识，并在这方面花了大量时间，在他的团队里很少有人提起"业绩"两个字。

王永庆认为：业绩不是靠讲出来的，而是顺理成章产生的，如果把整个团队管理好了，业绩自然也会产生。他所重视的是以下三个方面：首先，他希望跟下属在大方向上达成共识，这样才能步调一致，不会产生太大的根本性分歧。其次，他要求下属不断改善，但不会具体要求他们每时每刻该干什么，该怎么干。另外，他还要求下属严格执行他的命令，不能找借口、推诿或马虎敷衍。

由此可见，一个成功的领导应该做到妥善灵活地运用团队目标体系进行管理，从而激发成员的个人斗志及活力，协助成员全力达成目标。要建立一个优质且有活力的团队必须根据团队目标树立起每一个成员的目标，使团队目标与个人的关系更加密切。那么，达到团队共识就是比较容易实现的了。

团队目标是团队前进的指明灯。团队精神是实现团队目标的基本要素。团队共识更是团队精神的一种高层次的体现。就团队目标达成一致，建立目标责任，形成共识是团队取得成功的关键，是打造一支优秀团队的必要条件。

## 培养团队意识，把个体的作用发挥到极致

我们常听到的一句话就是，世上没有完美的个人，只有完美的团队。1+1>2的团队效率是每个中层领导都梦寐以求的，因为它意味着完美的合力。然而如果没有团队意识的氛围，团队成员就不能产生协

同作战的原动力，每个人只为了自己的利益和荣誉拼搏，团队缺乏凝聚力和竞争力，形同一盘散沙，这种局面是任何一位中层领导都不愿意看到的。

团队意识的培养是团队建设中必不可少的重要内容，它是团队凝聚力的根本保障。团队意识是团队成员整体主动配合的意识，它能让每个成员将自己融入整个团队，站在团队的立场来思考和解决问题，想团队之所想，急团队之所急，最大限度地发挥自己的作用。高效团队不只是人的集合，员工不只是被动地服从指令，而是所有能量的集合和爆发。训练有素的团队并不意味着就具有良好的团队意识，拥有团队意识的员工的特征并不是动作和行为上的整齐划一，而是行动和心态上的默契度和配合度。

全球零售业巨头沃尔玛立于不败之地的秘诀就是成功将团队意识根植于员工的工作之中。在企业内部，每位员工都有着极强的团队意识，他们为了谋求团队的发展而为顾客提供最贴心优质的服务，为推动企业的发展提供了源源不断的动力。

沃尔玛在中国设有很多连锁超市，每天的客流量数以万计，雇员一直都十分繁忙，每天都要应对繁杂的业务，当然公司也有人手奇缺的时候，但是卖场的工作却从未被耽误过。只要卖场人手不够，无论是运营总监，还是财务部、人事部、营销部的经理都会纷纷换上卖场的工作服自发地填补空缺的岗位，办公室的秘书和文员也会赶到卖场帮忙，因此即使是在卖场最为繁忙的时段，一线没有足够的员工，大家也能通过相互协作，为顾客提供高效优质的服务。

沃尔玛从上到下都有团队意识，他们不计较自身职务的高低，而是把自己看成团队中的一分子，乐于投身到一线，协助其他团队成员完成工作，这种做法不但为企业节约了人力成本，还给顾客留下了良好的印象，这种高质量高效率的工作方式无疑为沃尔玛增加了很大的效益。

团队意识可以激发员工的使命感，使他们产生和企业同呼吸共命运的意愿，自愿共同去完成任何具有挑战性的工作。员工之间通过协作与配合，形成工作的完美对接，在一定程度上有力地增强企业的核心竞争力。因此，培养员工的团队意识，是全力打造和谐高效的团队的基础，也是促进企业获得长足发展的必要条件。一个具有强大凝聚力的企业必然具有强烈的团队意识，这样的企业通常具有旺盛的生命力，往往是不可战胜的。那么，作为团队的领导者应采用什么样的方法来培养员工的团队意识呢？

1. 在团队内部营造一种团队合作的氛围

一些家族式的民营企业，权力高度集中在公司创始人的家族成员手中，每项工作都要过问，不信任下属和员工，这样做非常不利于组织内团队意识的培养。中层领导要学会信任下属和员工，适度地下放权力，让员工各司其职，培养大家合作的观念，使员工乐于主动地协助其他成员顺利完成工作。

2. 为全体员工提供团队合作的培训

很多人工作只是为了拿工资，缺乏团结协作的意识。中层领导要纠正他们的观念，可以从培训做起，首先根据他们的心理和性格特质，有针对性地对其进行培训，尽量少讲一些空泛的理论和生硬的概念，以免员工产生厌烦情绪。可多讲解一些生动的案例，激发员工的学习兴趣，同时注意和实践结合起来，让员工共同参与完成一项工作，使他们在分工协作中加深对团队意识的理解。

中层领导在培训员工的过程中，一定要让每一位团队成员都有一种参与感，让他们感觉到自己的重要性以及自己所从事的工作的价值，更要让他们明了自己的工作对于整个团队目标的意义，员工的观念发生了根本性的转变，就会养成团队合作的习惯。

3. 协调团队成员集思广益，一起解决工作中的疑难问题

企业中的很多疑难问题都是凭一人之力解决不了的，毕竟个人的智慧和能力都是有限的，中层领导应该鼓舞团队中的全体成员集思广益去探讨解决问题的可行方案，以此培养他们的团队协作能力。当遇到令人头痛的难题时，中层领导可以召集员工组成讨论小组，最终确立最为合适的解决方案，然后让大家在协作中解决问题。这样做的好处是既能在团队内部形成高效合作的良好氛围，又能切实提高员工的团队意识。

4. 利用优秀团队奖励制度来激起员工的集体荣誉感

对优秀团队的奖励是对于整个团队业绩的一种肯定，它能极大地激发团队成员的集体荣誉感和成就感，强化团队内部合作意识，增强团队凝聚力，并有力地推动企业快速发展。

俗语说："人心齐，泰山移。"企业中虽然有不同的部门，不同的部门中又有不同的员工，不同的员工又有不同的思维方式和工作方式，但是团队意识会同化他们的这些不同，让他们通过不同的方式实现相同的目标，推动企业进步。团队意识起到的是一种协调作用，使员工把个体的作用发挥到极致。

## 激活团队精神，形成最强的核心竞争力

一个团队，如果人心浮动，大多数人都自私自利、各行其是，哪来的生机与活力？又怎么可能创造辉煌的业绩？在一个缺乏凝聚力的环境中工作，员工就算志向再远大，能力再出众，发展也会受限。员工的能力得不到最好的发挥，整个团队便会变得死气沉沉。面对这种局面，中层领导该从何处入手解决呢？

团队最为重要的东西就是精神，因为它是整个团队的灵魂，中层

领导只有激活团队的精神"灵魂"，才能让团队迸发出最大的能量，团队的凝聚力才能达到最强的状态，使每个员工的才能在分工协作中得到最大限度的发挥。

不同团队的核心精神可能各不相同，但是无论团队具有哪种正向的精神支柱，都能产出巨大的效能。在《士兵突击》中，钢七连的团队精神就是"不抛弃，不放弃"，它成为许三多的座右铭，也是整个连队的核心精神。在现代企业的管理中，中层领导绝不能忽略对团队精神的塑造，因为它是提升团队核心竞争力的基础。

团队是由个体组成的，但是个体之间并不是孤立存在的，而是相互联系的，团队精神就是促成团队成员相互连接，激发组织发挥最大效力的隐形力量，它虽然不可见，但是能量却是巨大的。塑造团队的精神灵魂，中层领导是最为关键的一环。中层领导在塑造团队精神的过程中，必须看清其中的阻碍，而后突破阻力，扫清所有障碍，为整个团队注入新的灵魂。

在家族企业中，产权和管理权集中在家族成员手中，会让广大员工明显感到自己是"外人"，能力再强都比不上"内部人士"即家族成员，工作劲头大为下降，严重阻碍团队精神的建设。中层领导要塑造出强有力的团队精神，就要尝试着将企业的产权和管理权适度地向非家族成员扩散，给员工派发企业内部股，促使他们打破藩篱，成为"自己人"，将个人利益和企业的兴衰紧密联系在一起，为团队精神的塑造奠定基础。

维拉德·马里奥特于1927年创建了第一家A&W啤酒店，而今他的商业帝国已经拓展到了全球。管理者至今沿用着"发现、雇佣、培育、善待如同家人"的用人哲学。当美国经济出现衰退，酒店业受到波及，营业额大幅度减少时，小马里奥特不但没有像其他企业家那样大量地裁员和减少员工福利。反而制定了不少激励措施。他努力把北

美地区的裁员率控制在1%，还减少了员工的工作时间，员
工依旧享受医疗健康福利。在这些激励措施下，员工们士
气高涨，一起拼命努力工作，终于使处于下滑期的企业成
功渡过了难关。

企业的发展离不开团队精神，缺乏团队精神的企业就会失去竞争
力和活力，绩效只会持续走低。中层领导塑造强有力的团队精神的关
键步骤是，在员工和企业之间构建起同呼吸、共命运的链接关系，只
有这样，全体员工才能在同一种精神的指引下形成一股超强的合力，
共同推动企业走向繁荣。那么除了以上两种举措以外，还有哪些激活
团队精神的高招呢？

1. 增强员工团结共事的协作力

团结共事的协作力是团队精神的根基，没有它，团队精神就难以
建立起来。我们都知道一群散兵打不了胜仗，组织成员之间只有团结
起来，全都心往一处想、劲往一块儿使，才能形成一股不可抗拒的力
量。蚂蚁虽小，团结起来却能搬动巨蟒，个人能力虽然微小，但是只
要形成一个团结协作的整体，就能克服世间的任何困难，做到无往而
不胜。因此中层领导一定要经常强化员工团结共事的观念，大力推进
协作力建设。

2. 要根据时代发展的需要，不断赋予团队灵魂新的内涵

团队灵魂反映了一个企业所坚守的信念以及弘扬的企业文化，
核心内容是不能丢弃的，但是这并不意味着团队灵魂永远是一成不
变的。随着时代的演进与发展，企业团队灵魂的内涵也应该有新的
拓展。中层领导不能让自己的思想观念落伍，而应站在时代前沿去
培养和塑造企业的团队灵魂，为企业打造出一支高素质的团队，使
所有员工都能在分工协作的过程中充分施展自己的技能，促进团队
工作的开展，同时顺应时代的潮流增强自身的适应力，进而提升企
业的核心竞争力。

### 3. 从心理学角度来塑造团队灵魂

从心理学角度看，积极的精神可以促成积极的行为，而消极的精神则会使人变得颓丧，因此中层领导在塑造团队灵魂时一定要打造出能获得全体员工正面认同的积极精神，以此在员工之间播撒和传递正能量，使其在认同团队精神时增强对企业的认同感，从而进一步激发工作热情，在共同协作中促成高效目标的实现。

坤 福 之 道

团队精神是一种可以感知的精神气息，在有团队精神的企业中，员工在完成目标的时候可以拧成一股绳，为工作出最大的力气。而在没有团队精神的企业中，员工就像是一盘散沙，什么也做不好。有了团队精神，每一个员工都有强烈的进步愿望，在自己落后于其他员工的时候自觉进步。总之，一个企业要想获得成功，团队精神是不可缺少的。

## 人心聚合在一起，团队才能像金刚石般坚硬

由于人类的心理无比微妙，团队成员的表现各不相同，有的人埋头苦干，有的人却偷懒耍滑；有的人乐于和别人合作和分享信息，有的人却自私自利，不愿意配合别人的工作，也不想把经验传授给任何人；有的人非常团结，有的人却各自为营……人和人的差异就好比金刚石和石墨的差异，两种物质同是由碳原子构成，前者是坚不可摧的天然宝石，价值连城；后者却是自然界中最为柔软的物质之一，既普通又廉价。团队是由人组成的，每一个人好比一个碳原子，结成金刚石组合就会成为牢不可破的联合体，而结成石墨组合则会成为一击即垮的弱势团体。

在自然界中，蜜蜂团队可谓是金刚石组合的典范。蜜蜂是群居性很强的动物，通常情况下会有数万只蜜蜂聚居在一起工作和生活，它

们的团队意识非常强，虽然每一只蜜蜂的力量都很弱小，但是它们懂得精诚团结的重要性，从来没有对自己的组织产生过二心，在日常的分工合作中不断强化团队的凝聚力。

蜂群由蜂王、雄蜂和工蜂组成，蜂王负责繁衍生息，雄蜂的职责是跟蜂王交配，工蜂负责更为繁杂的工作，它们平时要花费很多时间辛勤地采花酿蜜，还要负责打扫巢房、喂养幼蜂、保护蜂王、共御强敌等工作。它们平素各司其职，工作起来有条不紊，内部互相信赖，没有任何一只蜜蜂会怀有异心，因此它们成了像金刚石一样紧密结实的整体。

工蜂的工作是非常辛苦的，它们每天都要在花丛间飞来飞去采蜜。当有工蜂发现蜜源之后，就会以各种舞蹈动作把信息传递给同伴，同伴们随之一同前来采蜜，呈现出一派繁忙的景象。从没有一只蜜蜂会独吞蜂蜜，或是产生不把蜜源信息告知同伴的心理。

蜜蜂在劳动时富有合作精神，在外敌来犯时显得更为团结。它们的刺是捍卫家园的有力武器，在强敌面前，小小的蜜蜂丝毫不胆怯，它们一拥而上，把矛头一起指向敌人，穷追不舍，直到将敌人彻底打败。

蜜蜂抵御敌人靠的是它们的武器——蜇刺，抵御寒冷靠的却是集体的温暖。即使温度降到了零下30℃，它们仍能安然度过冬天，因为温度越低，它们就会团结得越紧密，结成一团之后群体的温度就会温暖它们渺小的个体，所以严寒并不能摧毁它们的生命。

有些企业能在短短几年内从名不见经传的小公司发展成令世人瞩目的集团企业，靠的是什么？是像蜜蜂一样团结、像金刚石一样紧密坚硬的团队。在组织内部，员工互相信任和依赖，在工作上互相支持，不曾产生过其他想法，形成了命运共同体。而有的企业创建了10年，甚至20年，发展仍十分滞缓，原因在哪里呢？因为团队内部成员从来没有把组织放在心上，总是各打各的算盘，这样的团队就像石墨一样软弱，发展壮大又从何谈起呢？那么作为中层领导，怎样才能成功打造出金刚石团队呢？

1. 让每位员工认识到自己的重要性，增强团队凝聚力和战斗力

中层领导必须让团队中的每位员工都强烈地感受到他们是金刚石结构中的碳原子，都是不可或缺的一分子。碳原子的紧密排列是金刚石质地坚硬的基础，全体员工只有众志成城，步调一致地协作，才能最大限度地发挥集体的合力作用。

当然人皆有私心，但是员工们各有各的想法，就会导致团队凝聚力减弱。中层领导不可能消除员工的私心，但是却可以通过增强团队吸引力的方式来凝聚人心，比如，让他们认识到每个人对于团队的重要性，同时也要让他们认识到团队对于每个人而言同样非常重要。只有团队前途光明，员工的利益才能得到保障，如果为了个人私欲而背离团队，把团队拖入泥淖之中，那么个人的权益也将受到损害。团队和个人是一荣俱荣、一损俱损的关系，团队和个人应该是互相依存的，所以每位员工都应该毫无二心地为团队效力。

2. 整合团队资源，通过分工协作拉紧团队成员之间的关系

有的中层领导过于注重工作效率，强调分工的重要性，却忽略了员工之间的协作，就像石墨一样成为一个松散的组织。员工感受不到团队的向心力，也没有把自己当成团队中非常重要的一分子，而是把自己看成了一个独立体，这样的组织框架显然不利于凝聚人心。中层领导在设计团队结构时最好呈现出金刚石内部碳原子的三维结构，让员工和员工之间工作内容可以互相渗透，加强他们的联系，使员工们在互相协作时增强对其他成员以及集体的依赖感，在提高团队绩效的同时增强团队的凝聚力。

3. 给团队适度加温加压，把石墨团队转化成金刚石团队

石墨在 1.5 万个大气压、1500℃的高温条件下可以转化成金刚石。锻造金刚石团队必须给团队施加一定的温度和压力，但是加温加压并不等于挥舞大棒逼迫员工在高温高压的环境中苦闷工作。它指的是用企业文化的软熏陶和规章制度的硬约束来影响员工的心理，进而塑造他们的行为。企业文化是团队的温度，公司制度则是一种无形的压力，它们都能起到规范员工行为的作用，还能促使团队内部产生巨变。任何一个适应力强、富有战斗力的团队都是在优秀企业文化的熏陶下和健全规章制度的管理下锤炼出来的。

团队并不是单纯由人组成的集体，而是一种能量的聚合。通过既定的规则，团队被赋予了某种力量和精神，在排列组合后凝聚成了一个整体。而整体的力量也绝不是简单的相加，可以由于各种因素的干扰而加强或变弱，可成为无敌的团队，也可能成为不堪一击的垃圾团队。

## 发挥"黏合剂"的作用，把团队成员凝聚起来

微软前 CEO 史蒂夫·鲍尔默曾经说过："一个人只是单翼天使，两个人抱在一起才能展翅高飞。"无论是大自然的鸟儿，还是我们人类，想要飞得更高更远，都离不开来自他人和团队的力量。在残酷的职场竞争中，任何人都不能孤独地存在。这就需要中层管理者发挥"黏合剂"的作用，把员工都凝聚在一起，相互借力、彼此提携，只有这样才能聚合团队能量，才能提高团队的战斗力，才能为企业创造更多的效益。

　　一个住在深山里的老农民有三个儿子，在冬天即将来临

的时候，他让儿子们拉着车到集市上去买米准备过冬。通往集市的路有三条，三个儿子都各自坚持自己认为好走的路，谁都不让谁，拉着车向各自认为对的方向走，这样一来，车是一步也前进不了。

这时，老农民出来了，对三个儿子说："你们这样永远都不能到达集市买到米，你们只有把劲朝着一个方向使，才会让车向前走，才能到达集市。"他们听了父亲的话，商量好了就朝着大哥的方向走，很快就到达集市，买好了米。

或许，你的员工都很优秀，但是，如果他们也像那个老农民的三个儿子一样，劲不往一处使，那么，即使是很简单的工作都不一定能做好，更不用说给他们委以重任了。

其实，让员工工作也像是在拉车，如果有人向这边拉，有人向那边拉，是不会让车前进的，只有朝同一个方向用力，才会使车快速前进。如果"到达集市"是你的目标的话，你也只有让员工把劲儿往一处使才能达到最终的目标，否则只会让工作停滞不前。

对任何一位中层管理者来说，建设一支优秀团队，无疑将有助于更好地完成工作，而且比单纯完成任务有着更加重要的意义。对于一位好中层来说，要着眼于工作任务的完成，同时非常重要的是要当好团队的"黏合剂"。

上海杉美化妆品有限公司的销售部门业绩总是没有起色，上层部门辞退了原来的经理，让老宋去收拾这个烂摊子。

许多人都劝阻老宋："老宋啊，推掉吧，销售部门已经换了两个经理了，都没有起色，你还是不要去碰这块石头了。"

老宋笑了笑说："三个月内我让它起死回生，你们等着瞧吧！"

到部门上任的第一个月，老宋什么也没做，只是按时地上下班，员工们也都在纳闷："都说新官上任三把火，这位经理是怎么回事？"一个月后，老宋开始行动了，取消了业务员们单独跑业务的制度，按照他一个月的了解，把他们分成了几个小组，并要求小组成员把各自的优点发挥出来，并且要相互学习。结果，几个月下来，公司的业务量翻了一番。

　　老宋并没有用什么先进的办法，只是让员工们更好地结合在一起，发挥了"众人拾柴火焰高"的作用。那么，中层管理者要如何做到让员工好好地融合起来，向一个方向使劲，形成团体的向心力呢？做好以下几个方面的工作，即可提高内部的凝聚力。

　　1. 给予员工全体合一的认同

　　不论在会议的场合或指派命令的时刻，要在谈话中强调"我们""我们这个部门"或者"我们这个团体"，如此，方能使得员工觉得领导者与他们同一战线。如果一味地讲"你如何……"或"我怎样……"，员工的心目中便会觉得工作团体不甚重要，所以也容易显得满不在乎。

　　2. 强调团体工作的重要性

　　领导者应该以身作则地倡导"只要我们赢了，谁居功都无所谓"的观念。换句话说，领导者要时时刻刻担心这个工作团体是否能达到目标，而不必担心谁出风头谁居功的问题，如此，大家都会全力以赴。

　　3. 设立清楚而容易达到的团体目标

　　在建立团队的长期目标蓝图后，应该摘要其大纲传述于员工，但是更应该在这项长期计划的参考架构内，制定一些短期而明确的目标，这些短期的目标应该让人一目了然而且具体可行。如果目标过于模糊且很难完成，则员工的斗志容易丧失。

　　4. 与员工共同体验，并保持心理上的亲近

　　与员工共同体验可产生伙伴意识。要采用参与观察的态度与员工

保持联系，适度参与员工的团体，以了解他们的感觉与想法，同时必须保持距离。如果是共同经历劳苦，则更可增进密不可分的伙伴关系。所以，与其与员工共进午餐，不如当员工晚上在公司加班时，你也加入他们之中，如此必能加强同甘共苦的患难意识。

能否打造高绩效的团队，能否做团队的"黏合剂"，对于中层管理者来说非常重要。团队中的每一个人都关系到团队的成长和绩效，因此，作为团队的负责人，中层管理者不仅要做好上司的得力助手、下属的主心骨，同时还要做好团队的"黏合剂"，聚合团队能量。

##  保持合适的距离，才能创造和谐的团队关系

叔本华在《哲学小品》中阐述过这样的故事，讲述的是在寒冷的冬天里，两只冻得浑身颤抖的刺猬想要靠在一起互相取暖。可是由于它们各自的身上长着尖锐的刺，挨得太紧便被对方扎伤，为了避免进一步受到伤害，它们只好分开一段距离。没过多久，它们又冷得无法忍受，于是再次凑到了一起。几经尝试后，两只刺猬终于找到了合适的距离，它们在安全距离内既能互相取暖又不至于被对方扎伤。

在团队内部，"刺猬效应"无处不在，员工也常琢磨和同事保持多大的距离才是恰到好处，彼此之间该设定怎样的界限呢？什么时候应该向别人敞开心扉，什么时候应该保守自己的小秘密呢？因为每个人或多或少都存有这样的想法，致使人心不齐，有时会直接导致团队合作的失败。

其实人和人之间既存在引力又存在排斥力，人在本能上渴望受到他人的关注和关爱，但是又不愿意去冒失去自我的风险，所以当别人

试图与自己发展成亲密无间的关系时，他（她）会本能地把对方推远。可是别人距离自己太远，又会备感孤独，安全感降低，随之又会主动接近对方。

我们知道团队既是情感的集合又是利益的集合，员工会因为情感和利益的需要而选择牢牢抱团或者各走各路，绝大多数团队无法在两个极端之间找到最佳平衡点，结果要么过于紧密要么过于松散，给中层领导的管理工作带来了很多麻烦。团队松散必然会影响协作能力，可是团队过于紧密就会失去竞争力和活力，虽然很多中层领导认为没有完美的个人，只有完美的团队，但是个体不存，集体势必变质。

　　有人曾经做过这样一项实验：在一个刚开门不久的阅览室里，当偌大的空间只有一位读者时，心理学家就故意搬起椅子试探着坐在那位孤独的读者旁边。实验进行了无数次，几乎大多数人会选择默默地离开原地到别处坐下，然后独自享受阅读时光。有人因为感到不舒服会很直接地问心理学家："你想干什么？"实验重复了80次，人们的反应几乎趋于一致，如果空荡荡的阅览室里只有两名读者，几乎没有人愿意一个陌生人悄无声息地紧挨着自己坐下。

这个实验说明人与人之间是存在心理距离的，每个人都需要有一个自我的空间，它完全属于自己的领地，一旦有人踏入，人就会感到被冒犯，随后会主动与对方拉开距离。由此可见凝聚得密不透风、仿佛铁板一样的团队是不存在的，因为人和人关系即便再怎么密切也不可能合二为一，归根结底人都是独立的个体。

"刺猬效应"是一种非常微妙的心理，它极有可能成为破坏团队合作的一个重要因素。刺猬效应泛滥的团队，人与人变得疏离和冷漠，员工对同事充满不信任感，对团队也没有归属感，常常感到焦虑，时刻都准备启动防御机制来保护自己不受伤害。这样的团队就是一个彻底分裂的团队，如果中层领导不及时加以干预，团队就会走向瓦解。打造高绩效团队的前提便是增强凝聚力，最大限度地削减破坏力量，那么作为团队领导者应该怎么做才能降低刺猬效应对团队的不良影响呢？

1. 构建并维护高效的团队合作环境

中层领导需要为员工构建和谐高效的团队合作环境，降低员工的猜忌感和不安全感，把安全感和友谊植入团队内部，使团队中的每位成员都能和平共处、坦诚沟通。中层领导需要以身作则，主动融入团队，打破上下级关系的束缚，把自己变成一条拉近团队成员距离的红线，使团队成员抛开以往的戒备心理，主动靠近和关怀彼此，并在分工协作中不断加强彼此的联系。

2. 从团队成员的个人体验和相互关系入手促成他们的融合

把一群性格各异、背景不同、阅历和期望不同的人聚合成一个高效统一的合作组织并非易事，每位成员的情绪和行为不一样，他们的个人体验各有不同，与其他成员之间有亲疏之别。想要让他们求同存异，形成协调统一的整体，就必须从个体的个人体验和相互关系入手，因为团队是由不同的个体组成的，解决个体问题是解决整体问题的基础。中层领导需要抑制个体中不利于团结的思想和行为，促成个体和个体的融合，最终把所有成员都牢牢圈定在团队中。

3. 放弃英雄式的领导风格，让自己成为高水平的团队合作者

个人英雄式的领导风格在过去的时代里曾经很受欢迎，然而现在越来越多的员工反感这种领导风格，因为一个高高在上的领导总是让人产生距离感，显得亲和力不足。中层管理者领导团队的前提是成为团队中的一员，而非游离于团队之外，如果团队领头人带头奉行个人主义，那么员工的价值观念就更不可能向集体主义倾斜。因此中层领导首先要让自己成为高水平的合作者，然后才能纠正团队成员的不合作行为，进而通过个人影响来促进团队成员的相互合作。

中层领导要正确处理好与下属之间的关系，既不能太亲近，也不能太疏远。中层领导与下属的关系太亲近，容易因为个人感情因素而没法实行公平的管理；关系太疏远又无法了解员工的真实想法，也无法获得员工的信任，不利于管理工作的开展。一个好的中层领导能够做到既保持原则，又不失灵活性，做到"疏者密之，密者疏之"。

## 疏导团队的负面情绪，调动员工的工作热情

团队犹如波澜不惊的海面，表面看去非常平静，海面下却隐藏着涌动的暗流。这股暗流会引起人心的扰动，成为杀伤力大、辐射面广的负能量磁场。稍不留心，员工就会被卷进负能量的旋涡，变得消极倦怠，严重影响日常工作。

那么团队负能量是怎么形成的呢？它主要源于心理传染。在团队中，鼓舞人心、积极向上的正面情绪可以快速传染，消极、怠惰、患得患失的负面情绪也会由个体传染给一个团队，导致整个团队集体中毒。团队中难免会有一些喜欢自怨自艾、爱发牢骚的人，自己无心工作，还整天传播负面情绪，搅得别人不得安宁；还有一些经常动摇军心的悲观者，总是向他人散播不好的言论，导致员工对自己及公司的发展丧失信心。

既然心理传染是由某个人或某部分人引起的，那么这个传播过程又是怎样的呢？其实和病毒的传播过程是有相似点的，某个或某些心理消极的人成为病毒源，不断地向自己周围的人扩散，直到使附近的人大部分或者全部受到感染。如此说来被感染的员工好像完全是被动的受害者，其实不然，其他员工之所以受到这样的侵害，在某种程度上说是基于一种盲从行为。

某高校曾经举办过一次别开生面的活动，校方请来了一名化学家给学生们展示他刚刚发明的一种挥发性液体。化学家蓄着大胡子，戴着一副墨镜，他刚走上讲台就对学生说："我最近发明了一种强烈的挥发性液体，现在我来做个实验，看看这种液体从讲台挥发到整个教室需要多长时间，谁闻到了挥发的味道，就请举手示意，我要计算出准确的时间。"

　　说完，化学家拧开了密封严实的瓶塞，让液体挥发到空气中，还没到两分钟，坐在前排、中排和后排的学生都纷纷举手表示自己闻到了挥发液体的气味。化学家好像早已料到了这个结果，忍不住哈哈大笑起来，他一把扯掉了脸上的假须，摘下了墨镜。学生们不禁呆住了，原来他不是什么化学家，而是学校的英语老师。他笑着向学生们宣布："瓶子里装的是蒸馏水。"

　　这个实验说明个体之间是会互相影响的，看到有人举手表示闻到了气味，自己也会盲目地跟着把手举起来，这种行为并不是出于效仿，而是因为受到了别人行为的暗示，误以为自己真的闻到了挥发的气味。当个体受到外界影响时，往往会由于信心不坚定而改变自己的判断，促使自身的行为和别人保持某种程度上的一致性。这种被周围人的行为和情绪所感染的现象，就是心理学中所说的"心理传染"。

　　每个人身上都存在着正能量和负能量，积极进取的人会主动压制负能量，为团队传播正能量，而消沉落后的人却总是向别人传播负能量，用坏情绪和坏消息感染别人，致使整个团队人心浮动、萎靡不振。对于一个团队而言，破坏比建设更快更容易，领导者辛辛苦苦地创建团队，结果只因为团队中出现了几个负能量的携带者，把消极有害的情绪传染给了大家，导致以前所有的工作都功亏一篑。那么作为团队的领导者，如何才能抑制负能量的传播呢？

1. 主动传播正能量，用积极情绪感染员工

任何能量的传播都需要有源头，正能量的传播也是如此，不要期望员工会突然变得豪情万丈，而是要把自己变成正能量的传播源，精神振奋地投入工作，用果敢有力的行动和饱满的激情来感染员工，激发他们的情绪。

2. 设立"情绪倾诉站"，帮助员工排解负能量

如发现某位员工工作心不在焉，过度焦虑、意志消沉，经常发表对团队不满的言论，就要及时帮助他排解掉心中的负能量，否则他就会将负能量辐射给整个团队，其后果不堪设想。可以单独找机会跟他谈心，任其尽情倾诉自己的烦恼，通过沟通来了解问题的症结所在，然后及时铲除他负面情绪的根源。

3. 给情绪不佳的员工放"情绪假"

员工带着负面情绪上班，工作效率很低，而且容易出错，受到批评后，情绪进一步恶化，成为更大的负能量场，对其他员工会造成更糟糕的影响。与其让这样的员工勉强留在团队里工作，还不如给他一些缓解情绪的时间，等他放松下来情绪略好之后再上班，对其本人和同事而言都是有益处的。"情绪假"不宜过长，一般为 1～2 天，这段假期不扣除工资和奖金，日后可安排他补班。

由于人们工作和生活节奏越来越快，员工的心理压力倍增，他们很容易出现情绪问题，成为负能量的携带者。为此，中层领导不能一味责怪员工，在他们心理出现问题时，最好给他们放"情绪假"，员工情绪恢复后工作效率也会提升，负能量的传播途径也会因此而被切断。

作为中层管理者，应该从员工的情绪诉求出发，了解员工、激发员工、关怀员工，把以人为本作为情绪管理的核心理念。通过情绪管

理，疏导负面情绪，引导正面情绪，使员工的工作热情得以调动，并为企业的目标实现提供保障。

## 原则性和灵活性结合，巧妙化解下属的冲突

有人的地方就有矛盾，作为一个拥有很多属下的中层领导，每天要处理的诸多事情中，下属之间的矛盾是难以避免的。而且当下属之间出现严重矛盾时，一旦处理不好，还会把自己带进矛盾的旋涡之中。那么，面对下属之间的矛盾，该如何解决呢？

作为一个中层领导，必须力争使自己成为善于处理团队内部矛盾纠纷的高手。而要想攻破团队中的各种矛盾的暗堡，领导者就必须首先对自己身边所发生的矛盾有一个比较深入的认识，然后才能据此采取有效的行动。最好的方法是做到原则性和灵活性相结合。原则就是不能侵害组织利益。灵活就是解决矛盾的方法不要千篇一律，不要教条式地解决问题。有些矛盾要防患于未然，有些矛盾可以在事中控制解决，而有些矛盾可以让它量变到一定程度发生质变时再解决。

朱氏药业集团的销售经理宋璟正坐在办公室里处理文件，一阵激烈的争吵打断了他的思路。他实在听不下去了，他拉开了办公室的门，看见他的两个部下老韩和大刘正脸红脖子粗地嚷嚷着什么。"别吵了！"宋璟打断了他们，"告诉我究竟是怎么回事！""我实在不能忍受大刘了，"老韩说道，"他给我的数据老是出错，这一次更是错得离谱。我看他这个人一贯对工作不负责任。"

大刘反唇相讥："胡说，我是有一两次弄错过数据，可是问题不在我，是电脑统计时出的错，你凭什么说我对工作不负责任！再说你不也经常出错吗？你有什么资格对我指手画脚。"

宋璟把老韩和大刘两个人叫进自己的办公室，对他们这

样说："你们俩争论的问题我已经清楚了。我想说的是，这件事情到此为止，谁也不要再提了。错误是在所难免的，我本人有的时候也会犯错误。因此关键是找到错误的原因，并在今后的工作中避免再犯，而不是非要争个谁是谁非。你们在一起共事的时间也不短了，我希望你们能够以大局为重，不要让个人之间偶尔发生的不愉快影响工作。"

宋璟超脱于局外，冷静观察和思考，对下属动之以情，晓之以理，达到了调解二人之间矛盾的目的。团队中的人际关系是十分微妙的，尤其是在有利害关系的下属之间，时常容易发生大大小小的矛盾冲突。对于绝大多数的冲突，管理者没有必要去追查事情的来龙去脉、前因后果，要做的事情只是告诉矛盾的双方就此打住，不要把事态扩大，而要以工作为重。

毫无疑问，对于各种人事矛盾，领导者当然必须迅速察觉、及时解决，但在具体处理时却必须慎重从事。处理矛盾冲突不能简单地打压和放任，这里介绍一些处理矛盾冲突的技巧。

1．深入调查，当场解决

这是指对不太复杂的矛盾纠纷，在深入细致地调查研究的基础上，由领导把矛盾纠纷的双方召集在一起，当面锣对面鼓，把矛盾揭开，把事实真相公开，当场把处理意见拿出来，让矛盾纠纷双方遵照执行。当场解决矛盾纠纷，要特别注意两点：第一，事实真相必须准确无误；第二，领导的处理意见要入情入理，客观公正。

2．选择"冷处理"的策略

"冷处理"就是让纠纷双方冷静下来。当事人正在气头上，让当事人暂时分开，或让其中一方先回避，整个过程中，需要领导者有足够的耐心。

由于人际关系矛盾不同于纯粹的工作纠纷，其中往往有着更为复杂的因素，所以对待这方面的纷争就不能片面"求快"，而是应当把

"求稳"放在第一位。在这种事情上，领导者应切记"事缓则圆""欲速则不达"的古训。

有一次，山东朱氏置业有限公司的销售部员工吴冲与李堃因为工作分配问题发生了矛盾纠纷，最后竟发展到剑拔弩张、水火不容的地步。当公司经理知道这一情况后，并没有急于把双方找来平息纷争。他首先做了一个"冷处理"：分别给他们俩各放一天假休息，让他们先平息一下各自的怨恨和火气。两人同时离开后，经理便开始着手调查发生矛盾纠纷的原因。经过召开座谈会、问卷调查、个别谈心等形式，弄清了矛盾纠纷的原委。

弄清楚矛盾纠纷的"导火索"后，这位经理找到两人，首先诚心诚意地做了一番自我批评，把引起矛盾纠纷的原因首先归咎于自己的工作疏忽；在自我检讨之后，他又分别与这两名员工谈心，帮助他们找原因、论危害，消除思想和心理上的隔阂，直至他们从思想上彻底想通，和好如初。

### 3. 保持中立状态，不能有偏袒

处理冲突时领导一定要保持中立状态，不能有偏袒。偏袒只会使冲突激化，而且还可能产生冲突移位，冲突的一方很可能会把矛头移向你，使人际矛盾扩大，冲突趋于复杂。

"公说公有理，婆说婆有理。"下属之间的纠纷有时不易分清和处理。如两个下属因私事交恶，互不理睬，而作为公司领导的你成了双方拉拢的对象。你本来是深明公私分明之理，但问题是两位下属将事情弄得混淆不清，令你不知如何是好。此时你既不可袖手旁观，也不要深陷其中。保持客观、淡化事态、妥善解决才是最佳选择。

# 第六章　妙用激励：激发员工动力，
## 调动下属的积极性

　　员工的动机来源于员工的需求，没有满足的需求是激发员工工作动机的出发点，也是激发员工行为的关键因素。通过激励满足员工的需求，引发员工的行为，进而才能把企业的需求转化为员工的需求，激发员工的动力。同时，激励要因人而异，要个性化，才能使激励措施达到最好的效果。

**适当地授予"名衔"，满足下属的心理需求**

在职场上打拼的人都有一个共同的梦想——升职加薪，作为中层领导更应该懂得下属的这种心理。如果满足了下属的这种心理，就会充分调动起下属的积极性，让他全心全意听你派遣。

可是，给下属加薪会增加公司的成本，对中层来说实现这点有很大的困难，那就给下属升职吧，这样花费的成本会低一些，但是效果却是非常好，在很大程度上比加薪更能调动下属的积极性，从而达到激励员工的目的。这种激励员工的方法在古今中外都是非常实用且被广泛使用的。

拿破仑在创立荣誉军队时，发 1500 枚十字徽章给他的士兵，封他的 18 位将军为"法国大将"，称他的部队为"大军"。而有的人不理解，说他孩子气，有人批评他是给老练的精兵一些"玩物"，但拿破仑的回答却是："人是受玩物统治的。"这种给头衔和权威的方法，不仅对拿破仑的将士有效，而且对任何人都有效。

> 纽约斯卡斯代尔的琴德夫人，常因孩子们在她草地上乱跑，踏坏了青草而烦恼。她试过批评，也试过利诱，但都于事无补。于是，琴德夫人试着给孩子群中最坏的一个人一种头衔及一种权威的感觉，使他乐于做她的"侦探"，让他管理，不准任何人侵入她的草地。她的"侦探"把这件事办得妥妥帖帖，随即琴德夫人的问题解决了。

每个人都喜欢高高在上的感觉，都希望别人对自己另眼相看，作为领导就应该满足员工的这种心理，让其在同样的岗位上做出更大的贡献。

某公司是北京较大的一家照排印刷厂，有位技师的工作是照顾数十台打字机及让其他不易管理的昼夜不息的机器润滑地运转。他总因工作时间太长，工作太多而抱怨，他需要一位助手。

　　面对这件不怎么好办的事情，这家公司的邱经理却处理得游刃有余，他的做法给了其他领导者一个很好的启示。邱经理没有给那位技师一个助手，只是为了改变他的态度及要求而又不引起反感，他给这位技师准备了一间私人办公室，并在门上写着他的名字和头衔——服务部主任。

　　邱经理不但没有减少他的时间和工作，反而使这位技师感到快乐。这主要在于他不再是一个可以随便被人呼来唤去修理机器的工人，他现在是一部之主，有威风，被重视，他感觉工作快乐，也就不再抱怨了。

　　头衔是一种公开化的赞誉，面对它，几乎没有人能够真正抗拒。头衔能够让许多人激动不已，能够激发他们的工作热情，当然，还能够赢得他们的忠诚。一个小小的头衔真的拥有这么巨大的魔力吗？

　　其实，这当中是有其心理学依据的。

　　首先，从个体心理学的角度看，当一个人被赋予某种头衔的时候，他对自己的自我认知就发生了改变。潜意识中，他将自己和这种头衔统一起来，如果他不按头衔的要求去做的话他就会产生认知失调，也就是自我认知和言行冲突，从而产生心理不适。因此，为了避免认知失调产生，他一定会以积极的言行来极力维系头衔带给他的荣誉。

　　再则，从社会心理学的角度看，当一个人被赋予某种头衔的时候，实际上是被赋予了某种社会角色。

　　著名心理学家津巴多曾经做了一个这样的实验：

　　参加实验的志愿者都是男性。津巴多将他们分成两组，一组扮演监狱里的"看守"，另一组扮演"犯人"。

一天后，几乎所有的参与者都进入了角色。"看守"变得十分暴躁而粗鲁，甚至主动想出许多方法来体罚"犯人"。而"犯人"则"垮"了下来，有的消极地逆来顺受，有的开始积极反抗，有的甚至像个看守一样去欺辱其他犯人。

人们从来都热衷于竞争，争取各种头衔，你说他是进取精神也好，说是虚荣心在作祟也罢，这就是人正常的心理需求。就像人们会随着能力的提升，而参加相应的组织，拥有一个某组织成员的头衔，总会让人感觉自己是更专业、更有荣誉感的专业人士。同时，越是自我价值认同需求高的人，越是看重头衔、社会认同带给自己的心理感受。

这种"名衔"激励，也并不一定是职务上的头衔，管理过程中，中层管理者也可以设置一些荣誉奖项并附之一定的物质奖励，同样能起到激励的效果。如创新奖，鼓励员工发明节约的方法，改进服务的方法。还有优秀员工奖、最佳服务奖、服务质量奖、突出贡献奖、客人满意奖、微笑奖等，名号和头衔可增强和满足员工的荣誉感。

因此，中层对于下属员工，不能太吝啬一些头衔、名号，它们可以换来下属的认可感，它可是最便宜且产出最大的激励手段。

给予他人荣誉，是最便宜也是最有效的激励办法。满足下属的心理需求是让下属全心全意为你效劳的最好办法，中层领导不妨动动脑筋，虚实结合，给下属适当地授予"名衔"或"地位"。

## 有效激励下属的士气，引爆他们的内在潜力

未来管理学的重要趋势之一，是管理者不再像过去那样扮演权威

角色，而是应设法以更有效的方法，点燃员工士气，间接激发员工潜力，创造企业最高效益。

作为一个中层管理者，你肯定希望自己的下属能拼命工作，为团队创造更多的效益。要想让下属使尽全身力气，为工作付出最大的努力，管理者就要对下属进行必要的激励，将其潜在的能量全部激发出来，这是每一个中层管理者必须学会的一项管理技能。

应该说，激励是让下属努力工作的驱动力，下属的很多行为都是因受到激励而产生的。如果一个人是个善于激励下属的人，那么他的下属便会自动自发地发挥主观能动性和自身的才能，全身心地投入工作中来，确保团队实现既定目标，推动团队发展。作为一个中层管理者，如果你做不到这一点，对待下属总是指责多于激励，那么下属的工作积极性就会大大降低。

关于楚汉争霸的故事，我们都已了解了很多，而其中有个人因得不到领导激励而选择离开的故事，或许你没有听过。在此，我们就来看一下：

陈平曾是项羽的谋士，因得不到重用而投靠了刘邦，他毫不客气地给了项羽一个"差评"。他说："表面上，项羽非常关心士兵，有士兵生病，他会难过得掉眼泪。但是，要让他对有功将士们有所奖励，实在太难了。他手里拿着要发给士兵的'印鉴'（相当于公章、任命书），印鉴的角都已经磨光了，他却迟迟不肯将奖励发给士兵。士兵得不到应该有的奖赏，就觉得项羽并不是真的对他们好。时间一长，士兵们看穿了项羽的英雄本色是虚伪，他们觉得跟着这样的将领难成大事，就纷纷离开了他。"

最终，果然如士兵们预言的那样，项羽的确没有成就大业，他最终败给刘邦，自刎于乌江。

看得出，项羽正是由于不舍得用奖赏的方式来激励手下士兵，最终导致众叛亲离，身边的人才和士兵纷纷弃他而去，这不能不说是他管理上一个很大的漏洞。

在现今的职场中，像项羽一样的管理者并不少见，他们忽视下属的成绩，吝惜激励之词，下属因此受到打击，工作激情荡然无存。

著名管理顾问尼尔森曾提出过这样的理论："未来管理学的重要趋势之一，是管理者不再像过去那样扮演权威角色，而是要设法以更有效的方法，激发员工士气，间接引爆员工潜力，创造企业最高效益。"激励的力量是很强大的，受到高度激励的下属会加倍努力地工作，以达到公司制定的目标，创造出色的业绩。

麦肯锡咨询公司曾对世界500强企业的中层管理人员做了一项调查，结果表明，有大约60%的人认为自己曾效力的团队的领导者不够称职；其中，86%的员工承认，他们离开公司正是出于这一原因，因为在这种不称职领导的带领下，他们为公司创造利润的能力已经大大降低。但他们也表示，如果受到一定的激励，他们就会做得很出色，并且为公司创造更高的利润。

此次调查的负责人表示："在同一家公司中，不同团队的业绩与其成员的士气有着非常紧密的联系。员工对自己所在团队的满意度越高，他们团队就越有可能成为公司中最为卓越的集体。同样，反过来说，如果员工对自己的团队不满，他们团队在公司中的排名就会一落千丈。也就是说，如果员工士气高涨，其工作效率就很高。"

当然，激励也分为不同的方式：

一是坚定支持激励法。源自你对员工的绝对信任。

如果你认定他的能力已经相当出色，足以胜任某项特定的工作，那么就可以用坚定支持的表态，激发员工的工作激情，让他比以往任何时候都渴望成功，并且出色地完成你交代的任务。

二是及时肯定激励法。培养新员工的自信，或者消除失误对员工的心理影响。

很多中层管理者更关注员工的错误，这就会使得他们战战兢兢，生怕遭到否定。尤其对于新员工来说，他们第一次从事实际的工作，难免会有失误。这时，如果你能及时地送上肯定和激励，他们的自信就能得到保护，并且找到正确的方向。

需要提醒中层管理者的是，激励应该无所不在，不仅在工作之前，在员工完成一件工作之后，也应该及时地送上激励。而且，还应该因人因势，采取不同的激励方法。比如面对一些家庭比较困难的员工，当他完成了一件出色的工作之后，你应该优先采取物质奖励，而不是空洞的口头表扬。诸如此类，员工的具体情形不同，激励的方式就应该有所变化。不过，目的只有一个：让他们意识到自己的价值，免除后顾之忧，全心全意投入工作！

作为中层管理者，你需要认识到，一个人的潜力是巨大的，只要你用心去挖掘，下属就能为团队创造出惊人的利益。未来团队管理的重要趋势之一，必将是管理者不再像过去那样扮演权威角色，而是想方设法以更有效的方法，激励下属，激发下属的内在潜力，创造团队的最高效益。想成为一个合格的中层管理者，成为企业的中坚力量，就赶紧记住这一条吧！

## ▲ 培养员工的荣誉感，改善整个团队的运行状况

俗话说"人活一张脸，树活一张皮"，人具有社会性，在彼此交

往之中，会非常注意他人与社会对自己的评价。他会为一份荣誉感到满足，他也会花费很多时间和精力去追逐荣誉感的获得。一个精明的老板为什么不好好"利用"这份荣誉感，以荣誉感作为激励下属拥有无限工作激情的最强动力。

物质是生活的基础，但我们也不能忽视精神的作用。马斯洛的需求层次理论指出，当人们的基本物质需求被满足之后，必然会向更高层面的精神需求转移。我们管理下属，在注重物质激励的同时，也不能忽视精神激励的作用。

曾国藩初练湘军，取得首战胜利，从太平天国军手中夺回了岳州、武昌和汉阳。为此，曾国藩上书朝廷，为自己属下邀功请赏，朝廷对此也予以恩准。但是，曾国藩认为这是不够的，他为此又想出其他一些鼓励将士的办法。

一天，曾国藩召集湘军所有军官在土坪听令。军官到齐后，曾国藩说："诸位将士辛苦，在讨伐叛贼的战斗中英勇奋战，屡战屡胜，今天我要以个人名义来为有功将士授奖。"大家都在暗自思忖的时候，曾国藩命令："抬上来。"两个士兵抬着一个木箱走了上来，几百双眼睛盯了过来，士兵把木箱打开，里面装的是一把把精美的腰刀。曾国藩抽出了其中一把，刀刃锋利，在腰身正中，镌刻着"殄灭丑类，尽忠王事"八个字，旁边有一行小楷"涤生曾国藩赠"。曾国藩说："今天我要为有功将士赠刀。"顿时，广场上一片沸腾，有人欣喜，有人赞叹，也有人忌妒。不过，所有人都下定决心，在以后的战斗中，一定要冲锋陷阵，奋勇作战，争取自己也能得到这样一把腰刀。

曾国藩向来以厚饷养兵闻名，但他在注重物质激励的同时，也能善用精神激励，通过培养官兵的荣誉感，达到振奋士气的目的。

物质的激励是没有差异的，顶多也就是数量上有所区别，再多的给予也不会产生出好的效果。这个时候，一把别致腰刀的出现，一下就打破了将士之间的平衡。所有人都会谈论这把腰刀，所有人都会关注自己是否拥有。获得的人会拥有无上的荣誉感，没有得到的人，会因为不能获得这份荣誉而感到惋惜。最终的结果是，曾国藩就这样训练出了一支勇猛无敌的军队。

也许有人会说，现在时代已经发生改变，人们变得更现实。但作为一个考虑全面的中层，一定要认识到培养下属荣誉感的重要性。首先，下属的荣誉感有其独特性，这是物质激励所不能替代的；其次，现代社会物质产品非常丰富，人们也会更多注重精神的享受，这就为管理者使用精神激励提供了广阔的空间。作为一个优秀的中层管理者，我们一定要善用物质与精神的激励方式，争取获得最好的效果。

信治郎是日本桑得利公司的董事长，他是一个非常善于激励员工的老板。他经常会在一些场合把非常贵重的物品奖赏给员工。他发奖品的方式很特别，总能让员工感到惊喜。

信治郎会把员工一个个叫到董事长办公室，在员工答礼准备退出时，他会突然叫道："稍等一下，这是给你母亲的礼物。"员工再次退出时，信治郎又会说："这是送给你太太的礼物。"员工这时心想，这次应该没有什么了，正要离开时，却又听到信治郎大喊："我忘了，还有一份礼物是送给你的孩子的。"

信治郎对于员工的鼓励还不仅仅体现在发奖励的方式上。一次，总务处一名员工不小心寄出了一个写错价格和数量的商品，信治郎知道后，马上命令取回。员工前往邮局，费了很多口舌，花费不少精力，才把该邮件放在董事长面前。看到邮件，信治郎露出欣喜的微笑，他没有批评那个员工，只是真诚地说了句："你辛苦了！"

也许有人会认为，信治郎的做法有些虚情假意，但他这样做的目的只有一个，就是培养下属的荣誉感。虽然只是普通的礼物，但是在特殊的场合，以如此别致的方式发放到下属手中，相信在任何人的记忆中都会留下深刻印象。能够得到来自老板的这份体贴与关心，相信任何下属都会受到莫大的鼓舞，工作的时候也就会更加努力。

现实中的中层管理者，在考虑如何激励下属的时候，不要仅仅考虑如何给下属多发奖金，或者多夸奖几句，更要花一些心思，想想看能用什么特殊的方式，寻找一些特殊的物品，让下属能够从中获得荣誉。任何人从事工作，都不仅仅是为了简单获取物质回报。当他们在工作当中，通过参加活动，与老板进行接触，能够更多地感受到工作是一件充满荣誉的事情时，他对待工作必然会更加忠诚，他对待工作的态度也就必然会更加专注和投入。

道德意识一直是中国传统文化的重要内容，即使今天社会已发生巨大转变，但它对人们性格依然有着很强的影响力。道德的本质其实就是他人与社会对自己的评判。作为中层管理者，我们一定要认识到自身所处的这一文化背景，并要发挥好荣誉感在下属工作过程中的作用。当下属取得进步的时候，进行适时的鼓励，下属对团队的发展做出了贡献，我们更要表示感谢。当下属意识到工作是一件能够带来荣誉的事情时，他们必然愿意为工作付出更多的努力。

培养下属的荣誉感，不仅可以让他们更忠实于上司，忠诚于自己的团队，还会因为同事之间所产生的良性竞争，而改善整个团队的运行状况。

## 及时赞扬下属的小亮点，让他们富有激情地工作

一家调查机构所做的一项关于管理者的调查问卷，曾一度引起了

那些有管理经验的网友们的积极参与。问卷里面有这样几个问题："你了解你手下的每一个员工吗？""你知道他们具备哪些优势和劣势吗？""你有没有注意到下属的一些细微变化呢？""下属捡起了地上的一团纸，整理了一下被风吹乱的文件时，你是无视还是重视？"结果显示，对于前3个问题，67％的管理者选择的是"否"这个选项；对于第4个问题，78％的管理者的答案是前者——无视。

由这个调查结果不难看出，在对下属的赞美方面，很多管理者存在误区。事实上，有不少中层管理者都非常善于用那些华丽的赞美之词来激励自己的下属，但是，他们中的大多数人都不愿从小事上去激励下属。他们认为，只有下属做出了"惊天动地"的大事时，才有用赞美之词去表扬和激励的必要。

这些中层之所以认为小事没有赞扬的必要，通常有两种原因。一种是因为管理者与下属的职位不同，职责不同，工作任务也就不同，这就会让这些中层管理者萌生一种想法：下属所做的事，所取得的成绩都是职责所在，是理所应当的，根本没有赞美的必要。在这种想法的驱动下，这些中层管理者便顺理成章地忽视了下属们所取得的微小成绩。另一种原因是，有的管理者心高气傲，野心勃勃，总觉得自己可以成就一番大事业，所以，他们对下属取得的小进步不屑一顾，觉得那些事非常容易做到，根本没有技术含量。

其实，如果单纯就小事而言，它的确没有非常重要的意义。但如果用辩证法去研究分析，管理者就会发现，一件小事会引发大事，几件小事累积在一起，就可能产生让人始料不及的结果。

韦达是个自视清高的管理者，他总觉得，凭着自己的能力，应该有更好的发展，而不是窝在一个小公司中当管理者。他每天自怨自艾，对下属也极其冷漠。他非常看不惯一些下属刚取得一点小成绩就欢呼雀跃的样子，每每这时，他都会上前泼冷水："看你那点出息，有点小成绩就骄傲成这个样子，真是朽木不可雕也！"对于韦达的恶劣态度，下属们敢怒不敢言。

但是，一件事情的发生改变了韦达。那天，韦达的助理打扫卫生时，发现办公室中的电脑线路很多，很容易因为电线短路而引起火灾，但办公室又没有配备灭火器。他赶紧将这个情况告诉了韦达，韦达在办公室转了一圈之后，也认为配个灭火器是很有必要的。助理笑着说道："韦总，我这发现还算及时吧。"韦达语气冰冷地说道："你是我的助理，你的职责就是协助我管好办公室的大小事务。及时发现办公室的安全漏洞也是你的工作范围之内的事，所以，你没有必要因为这件事而得意扬扬。"助理听后，沮丧地离开办公室。

几天后，因为要赶一个加急的软件设计程序，韦达留在办公室加班。晚上，突然风雨大作。一个响雷过后，韦达的电脑死机了，他刚想开口大骂，就闻到一股焦味。他出去一看，原来，办公室的电线因短路起火了。韦达赶紧拿起灭火器，及时将火扑灭。

事后，韦达想起细心的助理之前的提醒。如果助理没有发现办公室缺少灭火器，那么今天，整个办公室的电脑可能就完了，自己也可能身陷火海。

第二天，韦达召集大家开会，会上，他破天荒地表扬了助理，并代表公司向他致谢。从那以后，他变成了一个细心和蔼的主管，但凡看见下属做得不错，哪怕只是顺手扶起地上的扫把，他也会对其进行表扬。一时间，办公室的氛围变得很融洽。

我们都知道这句话："勿以恶小而为之，勿以善小而不为。"管理者赞美下属时也要如此："勿以善小而不赞。"如果管理者忽视小事，将关注点都放在寻找大事件上，那么，团队就可能形成一种不和谐的风气："只做大事，屏蔽小事。"

管理者经常细心留意下属做出的小成绩，取得的小进步，并及时赞扬和激励，不仅可以鼓励员工积极工作，而且，管理者可能从中发现隐藏的人才。法国"银行大王"恰科，就是因为有一个细心的领导，才能最终得到赏识，从而走上成功之路的。

　　恰科在年轻的时候，曾就职于一家银行，虽然他做的都是一些琐碎辛苦的工作，但他并不在意，而是非常努力地工作着。恰科这种认真负责的工作精神被公司董事长发现了，从那以后，他的人生开始逆转。

　　一天，恰科刚刚完成一天的工作，准备离开办公室时，突然看见门前的地面上有一根大头钉。恰科觉得将它放在这里可能会伤到人，就弯下腰将它捡了起来，扔进了垃圾桶。

　　这个小小的动作被董事长看在眼里。他马上认定，这个细心谨慎、做事考虑周全的人，非常适合在银行工作。第二天，董事长就召开大会，给恰科转了工作岗位，并在众人面前大大地赞扬了他，让大家都学习他的敬业精神。恰科受到如此礼遇，工作更加努力了。几年后，他凭借自己的奋斗，成了这家银行的董事长。

古语有言："千里之堤，溃于蚁穴。"一片面包都可以拯救寒风中的饥饿者，可见小事不可小觑。一个受下属爱戴的中层，要善于扫清工作中遮住了自己视线的重重障碍，在小事中发现值得赞美的闪光点，让下属每天都富有激情地工作。

著名的企业顾问史密斯曾指出："每名员工再小的好表现，若能得到认可，都能产生激励的作用。拍拍员工的肩膀，写张简短的感谢字条，这类非正式的小小表彰，比公司一年一度召开盛大的模范员工表扬大会，效果可能更好。"作为一个中层管理者，如果你可以细心地在那些不容易被注意到的小事上给予下属恰当的激励，这不仅会给下属出乎意料的惊喜，而且可以塑造关心、体贴下属的好形象。

如果管理者忽视小事，将关注点都放在寻找大事件上，那么，团队就可能形成一种不和谐的风气："只做大事，屏蔽小事。"

## 让下属能参与决策，他们才有动力施展全部力量

作为一个中层管理者，如果你使用了所有物质与精神的激励方式，但仍然对下属的工作状态不满意，下一步，你打算怎么做？这个时候，你不妨考虑一下，让你的下属适当参与到你的管理工作中来，这种方法往往可以产生意想不到的效果，达到激励士气的目的。

参与决策，可以很大程度上调动起下属们的主人翁意识，让他们感受到自己不仅是团队的一分子，更是团队的主人。这种主人翁意识会让下属们产生极其强烈的认同感，从而最大限度地调动起他们工作的积极性。

在北京的郊外，有一家电脑制造公司，27 岁的范骏是这家公司的某个部门的新任主管。作为主管，范骏需要面对 3 个年龄比他大一倍，并且工作状态非常消极的领班。正如其他年轻领导所遭遇的情形一样，范骏心里明白，不能依靠强制手段行使自己的权力，否则只会增加他们的反感和抵制。

最终，范骏想出了自己的办法。每天他都会召集这 3 个领班，把头一天的工作成绩告诉他们，让他们了解自己部门生产了多少部件，又有多少次品。同时，范骏还要让这 3 个领班根据实际情况，对所在部门生产情况进行打分，并进行横向比较。

通过和范骏接触，这些领班开始认识到自己工作的重要性，通过与其他部门比较，这3位领班获得了巨大的工作动力，他们开始互相鼓励，工厂的生产率也开始逐步提升。当第一次打破部门历史生产纪录时，范骏召集领班，买了些咖啡，一起聊天，庆祝一下他们取得的成绩。第二次打破生产纪录时，范骏又买了甜点来慰劳他们。第三次打破生产纪录时，范骏把这3位领班请到了自己家中，让妻子给他们做了可口的比萨饼，还在一起玩了扑克牌。

上任3个月以后，范骏所在的部门成了全厂生产率最高的部门，范骏本人也获得了提升。

作为一个年轻的中层管理者，面对比他年龄大，但工作状态非常消极的领班，范骏巧妙地使用争取下属参与决策的方式，就解决了所遇到的难题。他只是让这些领班看到自己工作的效果，让他们知道工作的目标，就可以让他们产生无限的工作动力。范骏并没有做什么，只是让下属知道自己该做的事情，就完成了自己所应履行的职责。

事实上，当下属能够参与决策的时候，他们会感觉这是对他们的信任与尊重，他们会施展自己的全部力量，去圆满完成自己所承担的任务。

松下公司曾经实施过透明化的管理办法，对员工们的工作热情起到了很好的激励效果。

在公司成立初期，松下幸之助就对公司的七八名员工说自己每个月都会将公司结算、盈亏情况进行公布。刚开始，员工都半信半疑，因为当时没有管理者这么做，何况大多数老板甚至连自己都不清楚公司到底做了多少生意。对于松下幸之助的这种说法，大多员工都觉得，老板不过是摆摆谱，做做样子罢了。可是在不久之后，员工们就发现事实并非像他们想的那样。松下实施透明化管理的决心是坚定的，从那之后，公司每月的财务信息都会及时向员工公布。

松下公开财务盈亏的做法，让员工们非常兴奋，因为他们每个月都能看到通过团体的努力所获取的成果，进而使员工们产生一种共识：下个月一定要加倍努力，取得更好的成果。

松下电器业务扩大设立分厂时，毅然延续了这种激励政策，分厂负责人每月向松下报告盈亏时，也会同时向员工公开这一信息。

后来，松下的这种做法被命名为"透明式经营法"，成为管理学中的一个经典案例。松下幸之助认为对于员工的坦诚，就是对他们最好的激励。通过这一做法，员工们也很少对公司提出无理或过分的要求，劳资双方之间通过这一方式架起了信任的桥梁，关系也更加和谐了。

作为中层，我们不要总想着如何控制下属，以便逼着下属更加努力、更加用心地投入工作。在当今社会，一个团队要想取得良好的业绩，走向成功，就需要管理者采取更多的激励手段来换取下属们的认同感。做管理，一定要跟上时代，勇敢放弃自己手中的一些权威与利益，换回的却是下属们充满激情的工作状态。

每个人都在寻求自我价值的实现，参与到管理当中来无疑是下属们证明个人价值的最好方式与机会。当他们能够了解到团队的运行状况以及团队在公司高层心中的地位的时候，当他们的利益与团队的前途紧密联系在一起的时候，当他们的意见被你这个管理者采纳的时候，下属对自己的工作就会有更多认可，对团队产生更多的认同感，对工作自然也就会产生更多激情。

当下属能够参与决策的时候，他们会感觉这是对他们的信任与尊

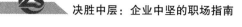

重，他们会施展自己全部力量，去圆满完成自己所承担的任务。

## 别做讨厌的监工，给下属面子就是给自己面子

一位很有才华的部门负责人，刚上任一周，老板的办公桌上就堆满了员工对他的投诉信，几乎他的每个下属都参与到了"造反"的大潮之中。一时之间，千夫所指，众意难平。老板没办法，只好无奈地把他叫过来，宣布了对他的免职命令，让他去外地分公司避避"风头"。

这位中层经理到底犯下了什么滔天罪恶，引起了下属如此强烈的不满和指责？有位员工的话颇具代表性，但又让人啼笑皆非："每次上班以后，从我走进办公室的第一秒钟开始，就感觉背后多了一双眼皮眨都不眨一下的眼睛。不管我做什么，他都像扫描雷达一样盯着我，不放过我任何一个动作，监督着我，审视着我，评价着我……我都不知道这一天是怎么熬下来的，太可怕了！"

还有的员工愤慨地揭露："他就像个吃人不吐骨头的周扒皮，监工一样地看着你工作，比如我做计划表这么简单的工作，他五分钟就过来问一句，小王，弄好没有？然后指手画脚，这也不行那也不行，全都不如他的意，好像我什么都不会干。有这样的领导，我宁愿辞职回家！"

说到这里，许多中层经理人可能都会心一笑，因为这种情况并非少数。一些部门主管生怕老板的决策在基层执行得不好，总是以监工的角色出现在员工面前，把监督的角色过度放大，丝毫不顾及下属的面子。有这样的上司在跟前，员工即使做的是自己喜欢的工作，也会产生强烈的逆反心理，把工作搞成一团乱麻。不得不说，监工上司会让下属陷入无休止的折磨和"白色恐怖"中。

在公司，中层经理应该努力营造一种融洽、平等以及有限自由的工作气氛，给足下属面子，别像膏药一样贴在员工的后背上。放手让他们自己去处理事情，哪怕是一些非常重要的工作，遇到了不期而至的意外，也应该充分信任他们的能力，直到他们向你求助或请示，你再出面也不迟！

为什么要给下属面子？这关乎你的形象和公司的利益。

1. 给下属面子就是给自己面子

你给了下属面子，对他们平等相待，下属才会尊重你，反过来给你面子。比如一项尤为重要的工作，需要你在旁边紧紧盯着，但你一反常态，出乎员工意料地放手让他们自己解决。本来正担心你在旁边充当监工的员工们，长舒一口气的同时也会对你心生感激。这种情况下，他们的工作质量肯定会有提高，任务完成得也会更加圆满！

2. 别当监工，开放的管理思维才能激发下属无与伦比的创造力

中层经理需要一个集思广益的管理氛围，让员工都能够为你的思路提供参考和帮助。如果你过度紧张，充满对下属的不信任，拿他们当幼稚园的小孩，他们当然也会关紧心门，拒绝向你提供创造性的建议。

英特尔是全球最大的电脑核心处理器制造商，该公司的高层会议都是公开进行的，任何员工只要自认为有话要说，都可以去参加会议，随便发表意见，对公司的决策思路提供帮助。

正是由于这种开放的管理思维的影响，英特尔公司的员工充满活力，他们总能向公司提供真知灼见，让管理者不时得到惊喜，将之称为"上帝赐予的礼物"。

越是开放的上司越强大，越有权威；越是保守的上司越虚弱，越没有威望。

3. 对好的管理者来说，激励比监督重要

神经过敏的监工虽然可以耳听八方、眼观六路，但却无法控制人心。你即使揪着员工的耳朵，看着他在电脑上敲打每一个字符，或者

在车间里打下每一枚螺丝钉，也无法消除他内心对你的抵触和抗拒。采取监工式的监督方式，往往会是一家公司倒闭的开始，这意味着该公司已彻底失去了包容性与创造力。聪明的管理者会抛弃这种愚蠢的方法，在下属最需要的时候给他们面子，激励他们忠心耿耿地为自己效劳。

最好的管理，就是告诉员工"你很重要"，然后让他们真的变得很重要。而不是搬着大石头让他必须做某些事情，结果却是事事做不好，石头掉下去砸了你自己的脚。给足下属面子，这既是一种管理的风度，又是一门做人的艺术！

 坤 福 之 道

在工作中担任"监工"的角色会让员工明显地感觉到你们之间的级别差别，使他们和你产生对立。给下属面子，放手让他们去完成你交代的任务，给他们制造一个融洽、平等的工作环境，员工受到了你的尊重，也会回报你相应的尊重，给你面子。

## 适时鼓励失败的下属，重新调动他们的积极性

作为领导要用一种关心、体贴的态度对待自己的下属，因为每个人的工作都不可能是一帆风顺的，总会有各种各样的挫折。当下属处于困境中的时候，领导的鼓励会胜过平时的千万倍，它可以让下属感到温暖鼓励，让下属化感激为动力。

如果领导此时只注意那些风头正劲的下属，身处困境的下属就会产生自卑感，或者对领导产生敌对思想。如果等下属的敌对思想根深蒂固时，再想挽回就很困难了。

《战国策》中记载了这样一个故事：

中山国国君宴请臣子，有个大夫司马子期在座，只有他

未分得羊肉羹。司马子期一怒之下劝说楚王攻打中山国，中山君被迫逃走。

这时中山君发现，有两个人拿着戈跟在他后面，寸步不离地保护他。

中山君回头问这两个人说："你们是干什么的?"两人回答说："我们奉父亲之命誓死保护大王。"

中山君很奇怪，问道："你们的父亲是谁?"两人回答说："大王，您可能忘记了。我们的父亲有一次快饿死了，您把一碗饭给他吃，救活了他。父亲临终时嘱咐我们：中山君如果有难，你们一定要尽全力报效他。所以我们拼死来保护您。"

中山君感慨地仰天而叹："给予，不在于多少，而在于是否当别人困难时施与；怨恨，不在于深浅，而在于是否损害了别人的心。我因为一杯羊肉羹而逃亡国外，也因一碗饭得到两个愿意为自己效力的勇士。"

中山君的话说明了一个深刻的道理，对于身处困境的人给予表扬和帮助的作用胜于给那些衣食温饱的人。

作为中层，对待下属也应该认识到这一点，对于那些功成名就，屡次获奖的下属而言，再多一次表扬也不会产生太大的作用；而对于身处困境中的下属，这种表扬很可能就是人生的转折点，意义非常重大。所以，作为中层领导，对于身处困境的下属不要吝啬表扬。一定要细心并耐心地表扬他们，此时只需你付出一些爱心，就能换回下属的感激和忠诚。如果等你发现由于缺少对困境中的下属的关心而使下属出现了对抗情绪，此时，再想获得下属的支持与拥护就不是一件容易的事了，即使你付出巨大的努力也不能获得理想的结果。所以，聪明的领导要把握住表扬处于困境中的下属的机会。

在 1945 年 9 月 2 日，第二次世界大战即将落下帷幕的这一天，在太平洋上的美军"密苏里"号战舰上，人们翘首以待，都想目睹最后一个轴心国日本签署投降条约这一历史性的时刻。上午 9 时，盟军最高司令官麦克阿瑟将军出现在甲板上，预示着这个令全世界为之瞩目和激动的伟大时刻马上就要到来了。随后，日方代表登上军舰，仪式开始了。

就在麦克阿瑟将军即将代表盟军在投降书上签字时，他却突然停止了。现场所有的人对此都大惑不解，谁也不知道麦克阿瑟将军想要干什么。只见将军转过身，招呼陆军少将乔纳森·温斯特和陆军中校亚瑟·帕西瓦尔站在自己的身后，让这两名军官占据着历史镜头前最显要的位置（1942 年，温斯特在菲律宾、帕西瓦尔在新加坡率部下向日军投降。两人都是刚从战俘营里获释，然后乘飞机匆匆赶来的）。麦克阿瑟将军的这个举动了再次让现场的人们既惊讶又嫉妒。因为按照常理，达两个重要的位置应该属于那些战功显赫的常胜将军才对。而现在，这个巨大的荣誉却分配给了两个在战争初期就当了俘虏的人。仪式结束后，麦克阿瑟将军做出了更惊人的举动，他将签署英、日两种文本投降书所用的五支笔其中的两支，分别送给了温斯特和帕西瓦尔两个军官。

后来，人们明白了麦克阿瑟将军的良苦用心。这两个军官都是在率部下苦战之后，因寡不敌众，又无援兵，为了避免更多人的牺牲，在接受上级命令的情况下，才忍辱负重率部下放弃抵抗的。从他们憔悴的面容、恍惚的神情中可以看出，他们在战俘营受尽了精神上和肉体上的残酷折磨。所以，在麦克阿瑟将军的眼里，温斯特和帕西瓦尔同样也是英雄，他们为这场战争的最后胜利同样做出了贡献。

麦克阿瑟将军用这种特殊的方式，向两位恪尽职守的失败者表示尊敬和理解，对他们的行为给予了充分的肯定，并对他们做出的个人名望的巨大牺牲和所受苦难表示感谢。

古往今来，"胜者为王，败者为寇"似乎成了永恒的真理。成功者，是因为他们付出的汗水和心血比别人要多，因此，他们理所应当得到鲜花和掌声，这也无可非议。但是，那些失败者一样也曾为了某个目标而艰辛地跋涉。他们付出的努力并不比成功者付出的少，甚至比成功者还要多。但是，往往出于不可预知的原因，他们与成功失之交臂，难道他们的付出就不值得表扬吗？不该得到回报吗？这种情况很多人都曾经遇到过，应该能理解失败者的感受。

在实际工作中，很多领导往往只看到了那些成功的下属，毫不吝啬地将自己的赞美之词送给他们。但是，对于曾经努力过的"失败者"，却未加重视，甚至忽略了他们的存在。久而久之，只能使曾经失败过的下属的积极性受到挫伤。如果领导能适时鼓励一下失败的下属，就会重新调动他们的积极性，让他们去努力工作。

要想成为一名出色的中层，不能只关注那些圆满完成任务的下属，而更应该认真对待那些已经做出了巨大牺牲，但由于其他不可抗拒的原因而未能完成任务的下属。让他们明白自己的心血没有白费，给他们找回自信的机会，为争取下一次的成功努力奋斗。

## 别惧怕下属的错误，用敞开的胸怀接纳它们

人谁能无错，生活中出现差错在所难免。认识到自身错误之后，虽然情绪低落，身心疲惫，却依然能够承担一切责任，耗费精力自我反思，并完成调整过程，最终重拾勇气，再次面对未来的挑战。

面对一个因错误而失败的下属，很多中层管理者习惯的态度是苛责与批评，苛责对方所造成的损失，批评对方能力与态度的不足，但

这样的处理方式，并不利于一个有着自省性格的下属。并且对于现在独立性越来越强的员工而言，产生负面情绪是难免的。

如果下属陷身于错误之中，身为上司的你给他一个安慰的微笑，那么也许这样一个小小的动作，就可以消除他心里的不安。在下属的情绪有所缓和之后，再帮助他去一起分析其中的问题，并寻求改进的方法，这才是最为有效的处理方式。

工作之中，各项事务繁杂，出现错误更是在所难免。对于错误的产生，任何一个管理者都不会乐于见到。于是，有些人因此大发雷霆，对下属横加指责，进行严厉批评。殊不知，这样做非但无法起到应有的作用，还会因此失去一个激励下属士气的宝贵机会。

中层管理者应该以动态眼光看待下属的成长。在下属成长的过程中，错误的出现在所难免。对于错误的出现，管理者理应有所准备，面对错误，在下属认识到自己失误的前提下，对其加以勉励，寻求更理想的解决问题的方式，这才是一个优秀的中层领导所应该做的。

在用人方面，福特汽车公司的创始人亨利·福特是一个充满智慧的人。

一天早晨，福特正在会议室开会。一个长相凶悍的人突然闯进会议室，从怀里拿出一把折刀，指名道姓要见福特。面对不速之客，福特暂停了会议，很客气地把他请进办公室，并让秘书给他冲了一杯咖啡。当时，员工们非常害怕，纷纷猜测福特是不是得罪了什么人，有人甚至想要报警，但都被福特拦住了。

来到办公室，福特让陌生人坐下。气氛缓和一些后，那人开口了："请您给我一份工作，我真想改过自新。您是老板，您说的肯定算。"

福特镇定地问道："您原来在哪里上班？是做什么的？

今天为什么会拿着刀子来我这里？"

陌生人顿了顿，继续说道："不瞒您说，我是一个抢劫犯，在监狱里待了很久。虽然知道抢劫不对，但为了养家糊口，我也没有办法。"

福特犹豫了一下，温和地问道："您有没有去过其他公司，或者您想从事什么职业？"

陌生人回答："一听说我有前科，大家就把我赶出来。没有人相信我，我就只好一次次地做回原来的自己，然后一次次地进监狱。"

福特沉默了一会儿，说道："如果我今天答应您的请求，您对将来有什么打算？"

陌生人刚要开口，福特打断了他："您不需要保证什么，明天早晨来公司上班吧，让我看看您能做什么。"

陌生人一时无语。短暂的沉默之后，陌生人连声道谢，然后离开了。

公司其他人得知福特竟然真的给了这个陌生人一份工作之后都很吃惊。不过最终，这个人真的证明了自己改过自新的决心，通过勤恳的努力回报了福特对他的信任。

对于一些曾经犯过错误的员工，我们不能采取一味否定的态度，那样只会让他们随波逐流，自暴自弃，也许给予他们一次机会，他们的生活会因此获得转机，自然就产生百倍的工作热情。作为一个中层管理者，你最希望得到的，不正是这样的下属吗？

多年前，我曾经访问过一家非常成功的高科技公司。这家公司的管理在业内很著名，他们总是给予员工失败和再试验的机会。

当我正和该公司经理交流时，突然听到一声长鸣，这个人便问经理："那是什么声音？"

经理平静地回答："那是我们公司的汽笛。"

我又问道："你们总是在周四下午拉响汽笛吗？"

公司经理回答他："不是，我们拉响汽笛是为了告诉每个人，我们的试验又失败了一次。但对我们来说，听见汽笛，也就意味着离成功更近了一步。"

作为管理者，中层们要以理性的眼光看待下属所犯的错误。如果他们能够认识到自己的错误，并有改正的决心与诚意的话，那么这就是最好的激励下属的时机。这样的激励机会，可以说是稍纵即逝的，作为优秀的中层管理者，我们一定得好好把握这样的机会才行。

那些优秀的中层管理者不仅不惧怕下属的错误，反而还会敞开胸怀去接纳它们。因为他们知道失败并不可怕，并且还孕育着成功的机会。俗话说"失败乃成功之母"。在他们的团队当中，成员们每一次的失败和挫折，所传达的都是与成功更加靠近的信号。在这样的管理和激励之下，成员们的性格会变得自信而坚毅，更会获得超越常人的气魄与勇气。由这样的成员所组成的团队，当然是无往而不利的。

作为管理者，中层们要以理性的眼光看待下属所犯的错误。如果他们能够认识到自己的错误，并有改正的决心与诚意的话，那么这就是激励下属的最好时机。

## 制定明确的奖惩标准，将激励机制固定化

作为中层管理者，我们一旦确立了激励制度，就要遵照执行，如果仅仅制定却不执行，那最后必然失去下属的信任，这对我们未来的

工作必然产生非常不利的影响。

现实中，对一切决策很多中层管理者都是自己说了算。他们会将所有下属的工作状态看在眼里，并且根据自己的判断，来决定使用什么样的激励方式。不过，因为只是凭借个人判断，认识难免会有片面性，最终就会使激励失去应有的公平，并且这样的管理方式，对于团队的未来发展也会形成阻碍。

既然个人的决断存在局限性，那不如将激励机制转变成为固定的制度，在团队内部制定明确的奖励制度，并且使这些制度具有权威性。每个人在制度面前都要衡量自己的行为，每个人都必须遵守这样的制度，这样才能确保以最公平和公正的激励，产生出最好的效果。

管理专家米契尔·拉伯福认为，现代公司大多都懂得运用奖惩方式来激励员工，但却往往会在奖惩标准和奖惩对象的判定上陷入误区，导致最终得到奖励的是那些表面文章做得好的人，真正为公司做出贡献的人反而没能得到应有的奖励。制定激励制度的时候，在考虑员工努力的同时，一定要与他们的成绩紧密挂钩，这样才能产生出最好的激励效果。

无论什么样的制度，制定和公布之后，一定要遵照执行。如果制度制定之后有人感觉不合理，还可以不断进行调整，如果制度制定之后，根本不遵照执行，那恐怕最终和没有制定制度的结果是一样的。

　　某保险公司，距离完成年度任务指标还有一些差距。总经理考虑后决定，不但一线业务员应承担任务，所有内勤人员也要承担一些业务指标，并且还规定了每个人所应完成的指标下限。对此，总经理制定了专门的奖惩措施，对超额完成任务的人给予丰厚奖励，对不能完成任务的下属，则要给予惩罚。

　　最后，公司业务"冲刺"成功。从整体来看，有能力的下属超额完成任务，很大一部分下属仅仅完成了任务下限，还有一部分下属，由于种种原因，没能完成任务。少数个别员工业绩是"白板"。

总经理考虑，如果不兑现奖励，会招致下属群体不满。虽然这是一次额外支出，但他最终还是决定论功行赏，将承诺一一兑现。至于没完成任务的下属，总经理认为这毕竟是少数，况且总体目标已经完成，不必追究，与人为善，没必要和下属过不去，惩罚的事情就不了了之。

总经理不想跟下属过不去，但一部分下属要跟他过不去。超额完成任务的和未完成任务的都很高兴。那些通过努力正好完成任务指标的大部分下属却不高兴了。他们付出努力，完成了任务，最终回报竟然和那些不思进取、偷奸耍滑者完全一致。他们非常不认可。许多人没有明着提出意见，却暗下决心，今后再有同类事情，一定要向这些未完成任务的同事学习。

蒙在鼓里的总经理还不知道，由于他制定了激励制度，却没有严格执行，最终使自己的管理失效了，在很长一段时间内都将对公司经营产生负面影响。


虽说这个保险公司的总经理实施的是非常人性化的管理，不过毫无疑问，他却不是一个懂得如何激励下属的领导。作为中层管理者，我们一旦确立了激励制度，就要遵照执行，如果仅仅制定却不执行，那最后必然会失去下属的信任，这对我们未来的工作必然会产生非常不利的影响。

在激励制度的制定过程中，一定要有充分而全面的考虑，这样才能使激励制度最为合理。如果因为经验不足使激励制度存在漏洞，那最终就可能奖励了那些不应获得奖励的人，不会激发出员工的工作热情，还会挫伤一些人的工作积极性。以下提出几点制定激励制度应该考虑的因素，以供参考。

1. 工作能力

工作能力是一个综合性的指标，它可以包括筹划能力、判断能力、分析问题的能力、操作能力、理解能力和反应能力等。中层管理者要切记不同岗位、不同部门对员工能力的要求都是不同的。要根据实际情况，进行不同标准的划分，千万不能以相同标准去衡量所有员工。在工作能力的衡量中，还要注意对一个人潜在能力的发掘，这样才能为公司长远发展打下坚实的基础。

2. 工作态度

工作态度可以对工作效率产生很大影响，也是考核员工的一项重要内容，包括纪律性、积极性、责任心和协调性等。制度可以时时提醒员工必须保持积极的状态。

3. 工作成绩

工作成绩是员工工作能力和工作态度以及其他个性特征综合作用所产生的结果。它通过工作的质量和数量两个方面来体现，不能单纯以工作数量论成绩。这将成为中层管理者考核下属最主要的考虑因素。

4. 工作年限

工作年限所代表的是员工的忠诚度。对于有着长远发展规划的公司来说，这样的员工就显得非常重要。同时工作年限也是工作经验累积的一个证明，有更多工作年限的员工，其处理或解决实际问题的能力必然更为突出。在激励制度的制定中，必须对这一因素进行慎重考虑。

作为中层管理者，我们一定要在自己制定的激励机制下做到赏罚分明，这样才能让制度在下属的心中树立起足够的威信，才能确保我们的各项激励制度受到下属们的重视，我们制定这些制度的苦心才能收到良好的效果。

# 第七章  学会授权：给自己松绑，
## 　　　　给下属展现的舞台

　　中层领导要想维护权力系统的正常运转，就必须学会向下属授权。授权是使中层领导从繁重的业务中解脱出来的好办法，也是事业成功的有效手段。中层领导要懂得总揽全局，做一些决策性、规划性的工作，而那些具体的工作应交由下属们去执行。这样能让员工有足够的发挥空间，进而为企业创造更大的利润。

## 抓住主要权力的同时，合理地向下属授权

中层领导的主要职责是科学指挥、合理调度，而不是只顾去做具体事务，应该把精力集中在抓全局、抓调查研究、抓重大问题的决策和抓对下属工作的协调上。

因此，中层领导必须给下属独立工作的机会，必须善于授权，释放手中的权力。如此，授权就成为领导智慧和能力的扩展与延伸，而领导授权也必须遵循领导活动的客观规律和原则。

众所周知，诸葛亮可谓是一代英杰，其超人的智慧和勇气令后人无不赞叹。然而，他却因日理万机、事必躬亲、操劳过度而英年早逝，给后人留下诸多感慨。虽然诸葛亮为蜀汉"鞠躬尽瘁，死而后已"，可蜀汉仍最先灭亡，仔细想来这与诸葛亮的不善授权不无关系。

试想一下，倘若诸葛亮能将众多琐碎之事合理授权于下属处理，而自己只专心致力于军机大事、治国之方，"运筹帷幄，决胜千里"，又岂会过早劳累而亡？

从诸葛亮的一生，我们可以发现阻碍授权的认知因素的蛛丝马迹，如对下属不信任、害怕失去荣耀、害怕削弱自己的职权、过高估计自己的重要性等。然而，问题是：集权就可以有效解决上述问题吗？正所谓"条条大路通罗马"，只要能够有效解决问题，领导无须具体处理烦琐事务，而应授权下属来全权处理。也许在这个过程中，下属还能够创造出更科学、更出色的解决办法。

事实上，只要保持沟通与协调，采用一系列的监管措施，失控的可能性其实是很小的。

一个企业要想实现战略目标，实行公司化的正规管理，领导必须要转变观念，勇于并善于授权。杰克·韦尔奇有一句经典名言："管得少就是管得好。"乍听这话，觉得真是不可思议，可是你若深入细

想，便会豁然开朗：管得少并不代表管理的作用被弱化了，高效率管理反而会产生事半功倍的效果。中国历史上有一个很典型的有关管理中如何授权的故事。

> 西汉时期，有个名叫丙吉的宰相去吴国巡视，在路上，他遇见一群乡民打架，有个乡民被打死了。对此，他竟然不予理睬，催促随从快点赶路。
>
> 走到不远处，丙吉看见一头牛在路边不停地大口喘气，于是立即叫人停下来，向当地百姓调查这头牛为何会大口喘气。
>
> 丙吉的举动让随从们十分不解，于是随从问丙吉："为什么人命关天的大事你不去理会，却如此关心一头牛的性命呢？"
>
> 丙吉说："路上打架杀人之事自有地方官吏去管，如果我去过问，就是越俎代庖；而在温度不高的天气，牛大口喘气可能是瘟疫的前兆，这关系到民生疾苦，这些问题地方官员一般不会注意，我作为宰相，肯定要调查清楚。"

"吴牛问喘"的故事启示我们：身为管理者，一定要明确自己的角色定位。不是什么事情都必须管，你要做的就是管好该管的事情。至于那些不该你管的事情，尽量放权让下属去管。故事中，丙吉不去过问路人打架杀人事件并非这件事不重要，而是因为这件事已被授权给地方官处理，因此，如果他去管，就有干预下属工作之嫌，同时也为自己增添了额外的麻烦。可见，古今管理基本通则是一脉相承的。

中层领导如果缺乏有效的授权技巧，工作不但不可能轻松，也不一定会有什么大的成效。所以要做一名称职的企业经理，就要从日常的一些琐事中抽身而出，去做一名经理应该去做的事。

中层管理者要想让自己的领导才能得到发挥，要想维护权力系统的有机运转，就必须在抓住主要权力的同时，合理地向下属授权，这对搞好工作，提高领导工作的效率，有着积极的意义。

1. 授权交办工作是实现总体目标的需要

任何一个大的目标都是若干较低层次目标的总和。所以，要做好领导，实现目标，最好的方法是把较大的目标分成若干较小的目标，再由专人负责不同的目标，这样可以减少精力分散，可以让多级领导齐心合力为实现总体目标而努力。另一方面，授权可以发挥下属在工作中的积极性、主动性和创造性，可以使领导者的智慧和能力得以延伸和放大。

2. 授权交办工作能提高下属的工作能力

授权有助于使下属在实际工作中得到锻炼，提高其工作能力，有助于其全面发展。如果所有的下属都得到了这样的锻炼和提高，那整个公司中员工的整体素质就可以相应地水涨船高。

3. 授权交办工作可以使管理者集中精力做要事

中层管理者的职责应当是做好上下级的协调工作，让企业得以正常运转，而不应当纠缠在一些小事上。授权可以使中层管理者得以从一般的事务性的工作中解脱出来，集中精力做大事。授权可以避免中层管理者一个人忙得不可开交，而下属一个个无所事事，可以使整个公司的员工都忙起来，而且忙得有秩序有条理有成果。

优秀的中层管理者往往把主要的精力放在"做决策"和"用人"上，他们认为做好了这两项工作，就能全盘性地操控大局，至于那些具体性的事务，他们不会牵扯太多的精力，而是大胆地交给下属去办。在"有为"与"无为"中把自己与下属拧成一股绳，实现最大合力。

# 把钥匙交给员工，不要做一个"孤胆英雄"

作为中层，身上必然肩负着职责，在自己追逐目标的过程中，千万不要做一个"孤胆英雄"，只将目标放在自己心里，却不懂得与别人分担，让自己背负太多责任，却让周围的人无事可做。这样自己一路会走得非常辛苦，而对于实现团队的既定目标也无法提供太多的帮助。

1984 年，19 岁的迈克尔·戴尔创立戴尔电脑公司。戴尔掌管着公司所有钥匙，由于他习惯晚睡晚起，每天早晨上班就是一件非常痛苦的事情。如果戴尔睡过头，公司门口就会有二三十个人在闲晃，因此严重影响到公司的生产效率。

戴尔经过反思，决定改变这一状况，他认为虽然自己是老板，却不一定非要做拿钥匙的人。他最终把公司钥匙交给别人保管，公司的开门时间因此提前了。

这仅仅是一个开始。有一次，戴尔正在办公室编写程序，一个员工这时走了进来，说："经理，我的硬币被贩卖机吃掉了，真是不幸。"

戴尔抬起头来，很不解，说："这种事为什么要告诉我？我正在忙我的工作。"

员工有些委屈地说："可贩卖机的钥匙在你这里，我只能向你倾诉！"

戴尔这才明白过来，最终他把贩卖机的钥匙也交给了别人。

渐渐地，戴尔发现，交出钥匙之后，自己的工作变得越来越轻松，而员工的工作热情也得到了极大提高，这真是一个两全其美的好办法。

把钥匙交给员工，看似是一件简单的事情，意义却非比寻常。钥匙代表着管理者的权威，人们不会轻易将钥匙交给别人保管。在这个故事中，所发生的情形却截然不同。戴尔选择将所有钥匙由自己保管的时候，给他自己造成了很多麻烦，同时因为自身的一些不足，他的管理不到位，影响了整个团队的工作效率。当他选择将自己的一些钥匙交给员工的时候，问题得到有效解决，自己的工作也变得轻松许多。无意之中，他发现了改变团队工作状态的"秘诀"。

公司的中层手中必然掌管着各种各样的"钥匙"，不要总是把这些"钥匙"攥着不放。中层管理者必须要看到授权的必要，预想到授权所产生的有利后果，并且在适当的时候，将这些权力下放给自己的下属。这样一来，不仅可以改变自身的工作状态，而且下属们的工作积极性也会得到极大提高，这对于团队目标的实现，必然会产生有利的推动作用。

　　亚历克斯·迪拉德是迪拉德百货集团的执行副总裁。为了优化公司的管理制度，迪拉德亲自走访了多达230家的分店。在这期间，他认识到只有各个分店的经理才最知道店内货物应该摆放在什么位置，货物怎样陈列才容易售出，而那些总部的指示却常常在拖分店的后腿。最终，迪拉德得出了一个结论：分店经理比公司总部的任何主管都更了解自己店里的情况。

　　最终，亚历克斯·迪拉德对公司的管理模式做出了改变。在新的管理模式中，分店经理获得了更多经营与决策的权力，分店经理们可以放开手脚，按照自己的意图去安排各项工作。在此之后，迪拉德百货集团的大多数分店都取得了不错的业绩，公司整体业绩也得到了显著提高。

管理改革产生效率的原因就在于分权，亚历克斯·迪拉德看到过分集中权力，只会让公司的决策者忽略掉具体的现实情况。相对而言，分店经理却能对最具体的情形进行把握，同时又有着丰富的管理经验，将决策的权力适当下放，就成为提高公司业绩的最好方法。

在现实中，作为中层管理者，在对工作的考虑中，一定要舍弃掉权威的观念，舍弃掉对个人权力的过分维护，更应该看到权力背后所代表的职责，看到自己下属在具体的工作方面所具备的优势，选择适当进行分权，才会为自己寻找到最为合理和有效的管理手段。

任何一个中层管理者都有自己所不擅长的领域和不熟悉的业务，如果他不能认识到这个方面的问题，那就难免会变成一个"孤胆英雄"，他对职责的承受会超出他个人的能力范围，他的工作开展也会变得十分艰难。正因为能认识到这一方面的问题，所以要进行及时授权，将自己所不擅长的方面，或者自己认为沉重的工作交给别人去进行抉择，也许可以取得更好的效果。进行授权，同时也是人尽其才、才尽其用的管理策略展示。大胆起用精通某一行业或适合某一岗位的人，授予其充分的权力，这样会最大限度激发下属的使命感和工作积极性，这对于主管圆满完成任务，必然会提供最大的支持。

人的精力是有限的。一个人只有一双手、一个脑袋，每天也只有24小时，管理者所面对的事情又是千头万绪的，如果总试图去做所有事情，那即使累死，也不会有做完的一天，而这正是"孤胆英雄"的悲哀。管理者应适时将自己转变成为一个能够信任他人并给予他们更多责任的"领袖"。

### 既然管理者选择授权，就要充分信任下属

有关资料显示，世界500强中有99%的企业非常重视员工的忠诚度，特别是他们的管理者授权给他们时，着重强调每一位管理者必须

信任他们的下属。某杂志曾经以"你最不喜欢什么样的老板"为题向50位白领征询看法，结果收集上来一筐意见，历数老板的种种致命缺点。其中，骄傲自大、刚愎自用、不懂得充分授权和不信任下属被提到的次数最多，超过了老板个人能力、公司管理，甚至超越了个人利益。

松下幸之助曾说："最成功的管理是让人乐于拼命而无怨无悔，实现这一切靠的就是信任。"可见信任是授权的精髓和支柱，中层管理者只有对授权对象充分信任才能发挥授权的最大效用，否则一切授权都是空谈。

　　　　山东乐高胶业有限公司的员工将自己拟好的销售计划在下班时塞在了经理办公室的门把手上，没过两天，他便被叫去说明情况。他一进门，经理就开门见山地说："计划写得不错，就是字迹太潦草了。"这就使这位员工紧张的心情顿时放松了下来，他问道："我的计划是不是预算开支较大啊？要不我再与两个同事一起修改修改，然后再向您汇报一下。"经理打断了他，说："费用对我们公司不是问题，我看计划很可行，只要你有信心，那就去做吧，千万别错过时机了。"员工听了大受鼓舞，然后信心十足地拿起计划离开了。两个月以后，这位员工就将出色的销售业绩摆在了经理桌上。

这就是信任的力量，试想如果当时经理再将该员工的计划拿去审核、考证，不但贻误了商机，肯定也会使员工产生心理上的负担。如果那时候再交给他去完成，恐怕不能像现在这样顺利。毕竟，牵扯这么大数目的费用，就算他再有胆量，也还是要犹豫的。可现在，就是经理给予了他充分的信任，减轻了他心理上的负担，留出了让他充分发挥的空间，也使任务顺利完成了。

是的，没有信任，又何谈授权？一些中层领导表面上是把权授出去了，可是仍事事监控，或者关键的地方不肯放手，这都是不信任的表现。如此的授权又有什么实质的意义呢？不被信任，只会让下属感到不自信，不自信就会使他们感觉自己不会成功，进而感到自己被轻视或抛弃，从而产生愤怒、厌烦等不良的抵触情绪，甚至把自己的本职工作也"晾在一旁"。

打个比方，你陪新手去开车，如果你担心他开不好车，担心他方向盘掌握得不好或者油门踩得不好，不给他充分授权，不让他上路开车，这样他怎么能开好车呢？相反，在信任中授权对任何下属来说，都是一件非常快乐而富有吸引力的事，它极大地满足了下属内心的成功欲望，因信任而自信无比，灵感迸发，工作积极性骤增。

授权的成功与否，信任是一个非常重要的因素。一名优秀的中层管理者，在授权给下属的时候，一定是信任他们的。惠普的成功与管理者充分信任下属是分不开的。

> 在惠普，存放电气和机械零件的实验室备品库是全面开放的。这种全面开放不仅允许工程师在工作中任意取用，而且实际上还鼓励他们拿回家供个人使用。惠普认为，不管工程师们拿这些零件做的事是否与其工作有关，总之只要他们摆弄这些玩意儿就总能学到点东西。
>
> 惠普的领导们深知，对下属的信任能够让他们愿意担负更多的责任，从而能充分发扬公司的团队合作精神。要完成公司的目标，就必须得到各层的理解和支持，相信他们，允许他们在致力于自己或公司目标的实现时有充分的灵活性，从而帮助公司制定出最适于其运作的管理计划。

因此，中层管理者在授予下属权力后要学会不干预，让他们大展拳脚，不会因空间狭窄而觉得束缚手脚。真正让下属感觉到"你办事，我放心"的态度，让他们可以在职权范围内独立处理问题，完成工作，承担责任。

中层管理者既然决定授权，就要对授权对象充分信任。当然，我们知道大部分领导者之所以不信任下属，不是对他们的人格产生怀疑，而是不信任他们的能力，更怕他们在操作过程中出现失误、造成损失。

许多中层管理者不信任下属的能力，担心下属并不具有完全自由运用权力和做出正确决策的能力，觉得与其授权，还不如亲自解决。担心下属出错是正常的，但是如果管理者不允许下属犯错误，实际上也不会有什么授权。失误和损失都是不可避免的，既然管理者选择授权，就要充分信任权力授予的对象，并允许他犯错误和负担损失，这是必须由组织交的"学费"。

管理者在进行授权时，首先应当建立这样一种信念：错误是授权的一部分。也就是说，要让下属百分之百地按照管理者的意图来完成工作是不大可能的，下属在完成任务的过程中出现一些错误是正常的。

## 选择合适的人授权，才可能有完美的结果

杰克·韦尔奇是20世纪最伟大的CEO之一，他是美国通用电气公司的总裁，被称为"经理人中的骄傲""经理人中的榜样"。在一次全球500强经理人大会上，杰克·韦尔奇与同行进行了一次精彩的对话。其中有个人问他："杰克·韦尔奇先生，请你用一句话说出通用公司成功的最重要的原因。"杰克·韦尔奇想了想后回答说："是用人的成功。"又有人问他："你能否用一句话来概括自己的领导艺术呢？"杰克·韦尔奇笑了笑，说："让合适的人做合适的工作。"

在这个世界上，每个人的能力和每个地方的需要都是不同的。不

同的工作需要不同能力的人，而不同的工作环境也可以培养不同能力的人。作为一个中层管理者来说，把任务授权给最合适的人是最重要的。用最简洁的话来讲这个观点，就是指中层管理者向员工分配一项特定的任务或项目，这个项目要从员工的兴趣、特长出发，最终保证被指派者能够顺利完成该任务。

1993 年时，土耳其人民敬爱的总统去世了。土耳其政府要求给总统修建一个能够供成千上万的后人瞻仰的永久性墓地，而且要求必须在几天之内建造完成。从以往的经验来看，完成这个任务的难度很大。受命组成的项目组把工作进行了分解，总体分为准备原材料、勘定地点、挖掘地基、排水系统、浇筑混凝土、安装照明设备、安装花坛、安装大理石装饰、卫生清扫工作等 27 项活动。各项活动的并行工作或者串行工作的先后顺序及工期也进行了详细安排，一切严格按照项目进度进行。40 名建筑工人和 20 名工程师昼夜不眠地奋战，最终在 78.5 个小时的时间里就修建了一个 15000 平方米，既符合宗教信仰，又具有高质量的墓地！

由上面这个例子我们可以看出，企业管理的精髓之一就是分解工作，分配各种资源，把工作指派给最为合适的人。这就是土耳其的项目小组能够战胜困难和创造奇迹的原因。

不把任务授权给合适的人，任务不仅不能高质量完成，甚至会使执行这个任务的员工产生挫败感。

山东东贝医药科技有限公司的经理曾经非常困惑，很多工作十分努力的员工在接受他委派的任务后却不能圆满完成，这使他百思不得其解。最终，一个离职员工的话使他茅塞顿开。原来这个员工对他说："经理，我很喜欢咱们公司的工作环境和工作氛围，但是我发现这里的工作并不适合我。开始您让我去跑销售，别人很轻松就完成的任务，而我很多天都无从下手。那个时候我非常不开心，觉得自己很笨，甚至非常灰心。后来一次偶然的机会，我进行了职业测评。测评的结果让我很惊讶，原来不是我比别人笨，也不是我不愿意干好，而是我在做一个不适合自己的工作。我以前一直在证券、期货、市场里面辗转，但是越干越不顺，经过职业测评我发现，我是一个内向气质的人，与人沟通的能力和意愿较弱，回避失败的倾向非常高，而冒险和争取成功的倾向非常低，但是同时我处理细节的能力非常强。因此专家建议我应该去做财务、库管之类，需要细心、操作性强的工作。所以我决定重新调整自己的人生。"

听完这个员工的话以后，经理觉得如同醍醐灌顶。他意识到："与这个员工选择职业一样，分配工作也是同样的道理。在分配给员工任务之前，有必要对每个员工都有一个全面的了解。我需要了解员工属于哪一种特质，适合哪一类型的工作。性格活泼的人，适合有挑战性的工作；性格内向的人，适合稳定的工作；还有的人擅长与人打交道；有的则适合与物打交道。造物者给了人类千千万万种性格，其中也含有一定的共性。按照这种共性分类分析，就能把工作分配给最适合的人了。"

这个经理的顿悟值得所有人学习，把任务分配到员工头上的时候，一定要考虑员工个人的意愿、兴趣和特长。只有把合适的任务分配给合适的人，才可能有完美的结果。

以下几个因素是选择理想对象的首要因素：

1. 下属的能力

即根据下属的能力大小和个性特征等区别授权。对于能力相对较强的人，宜多授予一些权力，这样既可将事办好，又能锻炼人；但对于能力相对较弱的人，不宜一下子授予重权，否则就可能出现失误。

2. 下属的个性

授权时应考虑被授权者的其他个性特征。对于性格外向性明显者授权让他解决人事关系及部门之间沟通协调的事容易成功，对于性格内向性明显者授权他分析和研究某些问题则容易成功；对于持久、细致、严谨的工作，授权让那些韧性比较强的人处理可能效果更好。

3. 下属的兴趣

下属的兴趣、动机、意图与其能力一样重要，要想把工作分派给最感兴趣的下属，中层领导需要知道本部门每一个下属的专业兴趣与目标。要向下属说明，让他们对任务感兴趣，让他们觉得执行的目标对组织来说是很合理的。当状况发生时，即使下属不同意使用这种方案，还是会投入而且比较愿意接受授权。

企业的管理者不可能事必躬亲，对属下进行授权是必要的。但是，怎样授权才是科学的、才是有效的？首要的一条就是将权力授给能够胜任工作的人。

## 交办任务不清楚，只会让下属无所适从

中层管理者在下命令时，不仅指令要明确，也要让下属听明白，不能模棱两可，也不能有"也许""可能"这样的字眼。不少中层管理者为了表示商量的语气，经常加上"也许"这样的词，结果令下属无所适从。比如说："明天有个会议，也许你应该去听一听！"在下属听来，这个会议是可去可不去的，但是如果不去，恐怕会议比较重要；可是如果去了，又怕不是重要的会议，耽误了时间。而且身为下属总不能直截了当地问上级："'也许'是应该去还是不去？"所以管理者

在发布命令时，要尽可能明确。当下属准确地知道你所需的结果是什么的时候或当他们准确地知道他们的工作是什么的时候，你就可以更有效地监督他们的工作。当你能确保下属准确地知道他们的工作任务时，至少你会享受到减轻你的工作压力和更有效地监督你的下属工作这两种具体的好处。

当你发布使人容易明白、简洁而清楚的命令时，下属们就会知道你想做什么，他们也就会马上开始去做。他们没有必要一次一次地回到你那里只是为了弄清楚你的话。在多数情况下，一个下属没有做好上级交给的工作的主要原因就是他没有真正弄明白你要做什么。如果你希望别人丝毫不走样地执行你的命令，那么命令的清晰和明确是绝对必要的。这是管理者必须要遵守的一个牢固的规则。

许多中层管理者都有下面的毛病，下达不着边际的指令，然后责怪下属为什么没有执行他的指令。很多管理者心想："雇用这个人的时候，看起来很有能力，怎么办起事情来这么差！"事实上该检讨的是管理者自己。再有能力的人，如果弄不清楚他究竟要做什么，也无法完成任务。

有些中层管理者知道命令要明确，却没有能力改正，经常下达一些让人摸不着头脑的指示或是很含糊的命令。出现上述问题原因往往不在下属，而在中层管理者。如果中层管理者"照照镜子"检讨自己，就会发现是自己的错误，原因就是下达的命令不清楚。

　　一位中层管理者对新来的女职员说："这个文件要让董事长过目，你将它漂亮地装订起来。"结果，这位上级看到她拿过来的文件时大吃一惊，原来文件上面竟然别了一个粉红色的蝴蝶结，封面上还用红笔写着"致董事长书"。

　　通过此事，这位中层管理者做了深刻的反省：原本在这之前，他从未向下属说明命令的目的，于是他改正了这个缺点。"这份资料要在下个月举行的职员大会上使用，所以，你必须在会议举行的三天前完成它。""这则招聘信息除了登在报纸上，还可以刊登在求职杂志上，你要将这点列入考虑，并且尽快做好它。"

详细地说出命令的内容不会有任何的坏处，命令只有下达得十分清楚明确，下属的士气才会大为提升，并且精力充沛。

那么，中层管理者应该怎样下达命令才能让下属清楚明白呢？

首先，下达指示之前必须弄清楚你的要求。如果中层管理者自己都不清楚自己要做什么，却要求别人去完成任务，无异于缘木求鱼。如果你能精确地交代指示，下属将会感激你并全力以赴。

其次，任何不能理解的命令都无法执行，因而一定要使命令能被下属们所理解。对某些下属，需要"掰手指头讲清楚"，这样他们才能理解你想干什么。另一些下属只需几个关键的字眼便能理解你想让他们做什么。无论哪种情况，一定要使那些与你谈话的下属们了解你的观点，并弄清楚你想要干什么。为了保证让他们听懂，要不厌其烦地重复你说过的内容。同一句话，不同的下属会有不同的理解，因此，要给他们提问的机会。

再次，要向下属解释清楚为什么要做这项工作，哪怕是有最细微的迹象表明下属们不理解为什么要做这件事，也一定要告诉他们为什么。不明白为什么要做某事的下属，以及没有认识到这样做将有助于实现本部门目标的下属，可能不愿意执行命令。当他们做你希望干的事情时，他们可能三心二意，毫无热情，慢慢腾腾。如果他们理解了为什么向他们下达这个命令时，他们会自愿地投身进去，迅速完成任务。

最后，为了促使下属完成工作，除了告知什么工作以外，同时必须让下属了解整个工作的流程。

1. 企业的情况，该下属在企业中处于何种地位。

2. 让下属详细了解采购、制造、库存、销售、收款以及计划、实施、统制的工作流程。

3. 让下属了解利润是在哪一个阶段产生、消化，以及运用的过程。

在平常的工作中就必须不厌其烦地告知下属其各自的立场、地位、角色和任务，尤其是在交付工作时，更应具体、明确。如果下属不能认清自己所扮演的角色，所担负的任务，就无法产生责任感，只会频频发生怠慢、疏忽、错误、越权、不平、不满等情形。

##  给下属布置任务时，最好扶上马送一程

给下属布置任务的时候，并不是简单地传达一下指令就可以。作为中层管理者应该对下达的任务指令有一个充分的把握，即保证下属能够按照明确的指令严格执行下去，最终拿到成果。然而，在现代企业管理过程中，经常会出现这种情况，管理者总是不负责任地把任务交给下属就完事了，并没有考虑到下属能不能完成，还有哪些权力没有赋予他，或者还有哪些要注意的细节没有说明白，导致下属不明就里地去执行一个不明确的任务，最终也没有达到管理者想要的结果。所以，中层管理者在下达任务指令的时候，即使交代完了，也要再确认下属是否完全明白了，把下属"扶上马"，还需再送他一程，让他能够准确无误地执行交给他的工作任务。

小刚在一家公司做策划兼文案的工作，由于身兼两职，所以，他非常忙碌。然而，即便如此，他也总是得不到李经理的认可。

原来，李经理在给小刚指派工作的时候，总是说得模棱两可，几乎没有一个完整的标准，以致小刚在执行过程中总

是不断地询问李经理一些事宜。即便如此，等到小刚把工作成果拿给李经理的时候，也还是没有达到李经理的要求。所以，李经理对小刚越来越不满意。

相对于李经理，王经理的做法就比较人性化。他每次让小刚做东西的时候，都会把小刚叫到办公室，当着小刚的面，一边讲解，一边画出自己想要的最终结果。这样一来，小刚马上就领会了他的意思，而且还能在最短的时间里拿出最好的方案来。

通过上述案例我们可以看出，小刚不是没有执行力，而是在李经理的手下没有执行力。之所以会造成这种结果，关键还是李经理给小刚布置工作任务的时候，目的不明确，致使小刚不知道该怎么做，做到什么程度才算完美。换言之，就是李经理在管理工作上太懒了，没有给小刚提供必要的工作条件，没告诉他该怎么做，自己究竟想要的是什么。而王经理在这方面做得就非常不错，他明确地让小刚知道自己的意图，并亲自指示小刚应该做到什么程度。

在企业管理中，中层管理者应该成为提高下属执行力的推动者。也就是说，下达任务命令以后，中层管理者还要推动下属去更好地执行命令，这样才算得上是一位合格的管理者。而不是像案例中的李经理那样，不仅不去推动，还把自己管理上懒惰的责任转嫁到下属身上，这是绝对不可取的。

小刘在公司的某个项目中被指定为项目协调人，主要负责将任务提交到各个部门，但没有权力监督项目执行的结果，项目的具体工作进度和相关情况则由各部门主管人员定期直接向总经理汇报。

由于各成员对新环境和项目目的没有明确的认识，而且，还有一些新同事是第一次参加此类项目，因此，在执行过程中公司连续接到客户的投诉。虽然这件事跟小刘没有太大的关系，但是客户的投诉严重影响了公司的形象，于是他就把事情的原委告知了公司领导，并对项目的进展情况做出了明确的汇报。

公司针对项目执行过程中的实际情况，决定授权小刘管理和协调项目执行人员，并负责监管项目的进度和效果。

经过一段时间的努力，小刘把项目执行中的注意事项以及项目最终的执行目的全部告诉了执行团队，而团队内部存在的问题也在小刘上下调和中圆满解决了，项目的进展情况和执行效果也得到了空前的改善。

在上述案例中，该公司存在两个问题：一是在授权小刘协调的时候，并没有给他相应的监督职责，导致项目执行过程中上下沟通不畅，项目执行团队不了解应该注意哪些事项，所以才会引起后来的客户投诉。二是在把项目分配到各部门执行的时候，公司并没有提供相关的制度保证，以致后来项目成员像无头苍蝇一样，严重影响了项目的进度。

中层管理者在进行授权或布置任务的时候，一定要尽可能避免上述案例中出现的情况，要做到权责明确，让下属知道授权或布置任务的意图。如果有必要，还要为下属提供有利条件来使下属更好地完成工作，提高执行效率。换句话说，就是中层管理者在布置任务之前就要明确执行目标，广泛听取下属的意见，并在此基础上，不断"深化、优化、细化和序化"各项工作流程，并尽可能地将工作目标分解到"可度量、可定位、可操作、可考核、可检查"的细枝末节上。通过层层分解，使执行者一目了然，并且在有必要的时候，跟下属做好沟通工作，帮助下属提高执行力，更好地拿到成果。

坤福之道

作为中层领导者必须参透"一手软，一手硬，一手放权，一手控制"的授权之道。当完成授权环节后，还要了解员工工作的完成情况，这就要求中层领导者对于授权的员工进行进一步的指导和检测，保证权力的下放效果。

## 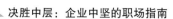 管好"头"和"脚"，而不是从头管到脚

权力是管理者依仗的最大资本，有了权力之后，管理者才能实施有效的管理。但不少管理者把权力当作监控他人、显示个人权威的工具。最典型的表现就是，从战略目标的制定，到战略目标执行的各个环节，什么事情都要过问。在这种严格控制中，最忙最累的人是管理者，最反感最失望的是员工，而且企业发展的局面迟迟无法打开。

作为管理者，该管的事情一定要管，而且要管好，比如，战略的制定、任务的下达，但是不该管的坚决不能管，你管多了，员工就会厌烦，因为他们感受不到信任和自由。关于这一点，有一个非常贴切的案例：

有一次，通用电气公司组织高层管理人员进行一次别开生面的培训游戏。游戏的前一天，杰克·韦尔奇给每个参加者发了一顶耐克帽子和一双耐克鞋。然后问大家："大家知道为什么我要给你们发帽子和鞋子吗？"大家说："因为明天有登山活动。"

韦尔奇又问大家："假如我还给你们发衣服乃至内衣裤，你们会有什么感觉呢？"大家不约而同地摇头，说："不要，不要！感觉怪怪的，好不舒服。"

韦尔奇说："对了！你们不要，我也不该给。"

管理的奥妙就在于"管头管脚"，但千万不要从头管到脚，这样才能使管理变得简单有效。但是，很多管理者有一个通病，他们习惯

于相信自己，不放心别人，经常不礼貌地干预别人的工作。这个通病造成了一个怪圈：管理者喜欢从头管到脚，越管越变得事必躬亲，独断专行，疑神疑鬼。这也让部属们越来越束手束脚，感觉不舒服，并渐渐失去宝贵的主动性和创造性。时间长了，企业就会得软骨病。

管理者应该明确从头管到脚，有多么大的危害：

首先，你过多的指点会让员工无所适从，太多的细节会掩盖真正的工作重点。

其次，员工永远也学不会独立做事。因为你把一切经验都告诉给他，他就会按照你的方式去做事，而不是自己探索、创新，一旦遇到挫折，他就会想到你，而不会自己去独立解决。

再次，员工没有自由。当你从头管到脚时，员工就失去了工作的自由，他们的思路、工作方式等都会被束缚，导致主动性发挥不出来，这个时候团队的力量就变成了你一个人的力量。纵然你有三头六臂，也挡不住四面八方的攻击。

最后，使管理者的工作量剧增。如果你从头管到脚，无形中你的工作量就会大增，本来属于你的工作时间，会白白浪费在员工身上，该你做的工作你却无法顺利进行。

认识到从头管到脚的危害之后，管理者不妨用"管头"和"管脚"的管理方式来代替从头管到脚的管理方式。为此要注意下面两点：

1. 解决"做什么"和"谁来做"这两个问题

要想管好"头"，就要重点解决两个问题："做什么"和"谁来做"。"做什么"是战略，是目标，谁来做是授权，也就是说管理者清晰地描绘企业的未来，制定战略路线和具体目标，然后将具体的目标分配给合适的员工去完成。

身为管理者，要做的是给员工创造一个宽松、充满信任并能获得强有力支持的工作环境。与此同时，将合适的人放在合适的职位上，将具体的工作交给合适的人去做，这样员工的潜能自然会迸发出来。

2. 让工作结果成为衡量成败的唯一标准

要想管好"脚"，就要坚持以工作结果论英雄。举个例子，在越野比赛中，只要规定起点和终点，以及比赛的路径，每个人都可以按照自己的方式去冲击冠军。至于谁快谁慢，为什么快，为什么慢，越野比赛的举办方根本不用去管。

同样的道理，在企业管理中，管理者也可以这样做。比如，有些高科技公司采取弹性工作时间，不规定员工几点上班，几点下班，上午干什么，下午干什么，对于特定的任务，管理者只给员工一个完成的期限，具体怎么完成由员工自行安排。最终，以结果来衡量员工的工作业绩。这样能给员工足够的空间，员工也会回报公司更多的努力，从而形成一种良性循环。

一位管理大师说过，应注重管理行为的结果而不是监控行为，让管理进入一个自我控制的状态。为了进入这种状态，管理者应该管好"头"和"脚"。"管头"最重要的是要解决"做什么"和"谁来做"的分配问题；"管脚"则是检查任务完成的结果，而不必从头管到脚，做事必躬亲的"管家婆"。

## 加强防范和监控，授权不是任其为所欲为

中层管理者在向下属授权时，必须首先想到，根据完成这些工作任务的需要，应该授予下属哪些权力，并且根据这些权力，进一步规定相应的职责和利益。

另外，在向下属授权时，最好事先检查一下：在这些授给下属的权力之中，是否混杂着少量有害的或多余的权力——当然不仅对领导者有害，而且也对下属自身有害，对实现管理目标有害。凡是有害的权力，必然是多余的权力。一经发现，就应该坚决将其剔除。

一个国王叫人牵了只猴子来给自己做伴。猴子天性聪明，很快得到国王的喜爱。国王周围的人也尊重它。国王对这只猴子更是十分相信和宠爱，甚至连自己的宝剑都让猴子拿着。一天，国王去游园林，只带了猴子。国王游玩累了，对猴子说："我想在这睡一会儿。如果有什么人想伤害我你就要竭尽全力来保护我。"蜜蜂闻到花香飞了来，落在国王头上。猴子想："这个家伙竟敢在我的眼前蛰国王！"抽出宝剑就照着蜜蜂砍下去，结果把国王的脑袋砍下来了。

　　造成惨剧发生的原因是"国王"作为管理者不慎选错了授权对象，而且没有对受权者加以控制，无限制地纵任下属的权力，结果酿成了大祸。成功的企业管理者不仅是授权高手，更是控权的高手。广大的中层管理者，你是否曾因控权不当而发生文中"国王"的悲剧？

　　不负责任地下放职权，不仅不会激发下属的积极性和创造性，反而会适得其反，引起他们的不满。高明的授权法是既要下放一定的权力给下属，又不能给他们以不受控制的感觉；既要检查督促下属的工作，又不能使下属感到有名无权。若想成为一名优秀的管理者，就必须深谙此道。一手软、一手硬，一手放权、一手监督，只有这样，管理者才算深谙放权之道。

　　《韩非子》里有这样一则故事：鲁国有个人叫阳虎，他经常说："君主如果圣明，当臣子的就会尽心效忠，不敢有二心；君主若是昏庸，臣子就敷衍应酬，甚至心怀鬼胎，表面上虚与委蛇，然而暗中欺君而谋私利。"阳虎这番话触怒了鲁王，阳虎因此被驱逐出境。他跑到齐国，齐王对他不感兴趣，他又逃到赵国，赵王十分赏识他的才能，拜他为相。近臣向赵王劝谏说："听说阳虎私心颇重，怎能用这种人料理朝政？"赵王答道："阳虎或许会寻机谋私，但我会小心监

视，防止他这样做，只要我拥有不致被臣下篡权的力量，他
岂能得遂所愿？"赵王在一定程度上控制着阳虎，使他不敢
有所逾越；阳虎则在相位上施展自己的抱负和才能，终使赵
国威震四方，称霸于诸侯。

中层管理者对于自己手头权力的管理，应该像放风筝一样，既要
有"收"也要有"放"，灵活运用。放，要给下属留有自主的空间；
收，要及时监督，不能让下属为所欲为，背离自己的初衷。

中层管理者要对接受授权的下属进行监督和控制。"无规矩不成
方圆"，没有制约的权力是非常可怕的。仅有授权而不实施反馈控制
会招致许多麻烦，最可能出现的问题是下属会滥用他获得的权限。因
此，在进行任务分派时就应当明确控制机制。

既要授权又要避免失控，既要调动下属的积极性和创造精神，又
要保持管理者对工作的有效控制，这是授权工作中必须遵守的一条原
则。有效的管理人员在实施授权前，应先建立一套健全的控制制度，
制定可行的工作标准和适当的报告制度，以及能在不同的情况下迅速
采取补救措施的应急制度。为了使控制不至于干预授权，控制必须是
比较概括的。其目的是可以看出下属行为偏离计划的现象，而不是干
预下级的日常行动。

中层管理者在向下属授权的同时，必须懂得控权的战术，如果
光会授权不会控权，授出的权力就会犹如脱缰的野马，很难轻易收
回来。同时，失控的权力还有可能造成一些不良的后果。如果能掌
握以下控制权力的技巧，在实践工作中一般就能处理好权力失控的
问题。

1. 及时掌握变化中的新情况

管理者授权的根本目的是保证整体管理者目标的实现。因此，授
权后的管理者，就要把精力主要放在议大事、掌握全局上，时时综观
全局的各个过程，及时掌握变化中的新情况，发现管理者决策和执行

中出现的偏差、矛盾和问题，并对出现的偏离目标的局部现象进行协调、纠正。

2. 使下属有所作为，有所不为

管理者在控制下级权力时，要宽严适度。既不能使下属轻动妄为，又不使下属束手束脚，顾虑重重。既能大胆放手，使下属有所作为，又能把握方向，宏观控制，使下属有所不为。

恩威并重强调的是：在实施控制时，既要施之以恩，施之以德，感化影响和说服指导，从而赢得部属的信赖；又要施之以威，施之以权，奖优罚劣，使部属有敬畏之感。

3. 对下属实施监控

授权后，管理者要善于发挥导向作用，根据形势的发展，为下属提供切合实际的观点、方法和措施。当他们在工作中出现失误时，管理者应善意地加以引导和启发，帮助其改正，绝不能多加指责。如果确实发现下属的工作有严重问题，不能履行其职责，管理者就要马上采取措施，或派人接管，或把权力收回。

坤 福 之 道

授权就像放风筝，要给它足够的空间去翱翔。但是管理者必须继续定期检查，以确保被授权的任务在正确的轨道上执行。所以，权力不是不可以下放，风筝也不是不能放飞。只要掌握了一定的尺度，风筝也可以尽情地在广袤的天际间自由驰骋！

# 第八章　高效执行：正确地做事，
## 把最好的结果给领导

　　执行力是企业中层管理者组织实施上级决策的能力。相对于决策层定位于"做正确的事"来说，作为执行层的中层管理者的定位应该是"正确地做事"。企业高层决策层对企划方案的认可，需要得到中层管理者的严格执行和认真落实。好的执行能够弥补决策方案的不足，而再完美的决策方案，也会死在没有执行力的管理者手中。

**事先做好计划和准备，执行效果更完美**

作为管理者，你可曾遇到过安排的工作做起来没有头绪的情况？可曾让手下的员工也觉得无从下手？可曾感受过工作在执行过程中乱七八糟，结果与你的期望相去甚远的焦灼？如果经常出现这样的情况，多是因为你没有在事前做好执行计划，导致员工没有形成一个统一的目标。制订工作计划是管理者必须做的一件事，工作中没有计划，员工们就不知道如何来完成工作，并且在执行过程中还会出现偏差，最终会影响工作的结果。不会做计划的管理者不是一个好的管理者。

我有一个朋友是一家中型企业的管理者。一天他问我说："你认为我作为公司的总经理，应该怎么做？"我一听这话问得很奇怪，就问他："你是不是遇到了什么问题？"于是，他就像竹筒倒豆子一般，一股脑儿地向我倾诉他的困惑。

他说，他的公司现在是乱得一塌糊涂，自己整天忙得脚跟打后脑勺，可是手下有的员工却很轻松，比他这个总经理闲多了，怎样才能让员工积极起来？还有就是手下的员工做事老拖延，交给的任务就没有按时完成过。销售渠道搭建很久了，可是进展太慢。产品以及公司的运营成本太高，销售额不少，但是没有利润，真是急死人。每天一睁眼，想到工资、水电、房租，压得他喘不过气来，怎么把他的压力传递给员工呢？

我不动声色地听完这位朋友的牢骚，对他说，要解决这些问题只有一个办法。他问什么办法，我说"就是制订有效的年度经营计划"。

在这个案例中，我的朋友认为自己整天忙得不可开交，员工却很轻闲；自己压力大，员工却没压力。这主要是因为他没有制订一个有效的年度经营计划。企业的年度经营计划就是企业的年度经营目标。制订年度经营计划的意义在于用少的资源办尽可能多的事，并将事情办好，最终目的是帮助企业盈利。

俗语说"事成于谋"，制订计划就是在"谋"。古人说，"不谋万世者，不足谋一时；不谋全局者，不足谋一域"，"凡事预则立，不预则废"。这些都是在说做事前要有计划，如果没有明确的执行计划，就会盲目行动，结果必然会杂乱无章、陷入盲动。《礼记》中有句话说"事前定，则不困"，意思就是，事前做好了计划，在行动的时候就不会有困扰。

有人曾向著名的巴顿将军请教为什么他能打胜仗，巴顿说是因为他在战前先有一个计划。这人又问他为什么每次都能打胜仗，巴顿说因为他每次都有一个好的计划。巴顿将军所说的话道出了他能打胜仗的秘诀，就是有缜密而完善的作战计划。"兵圣"孙武说："凡用兵之道，以计为首。"讲述的也是计划对作战的重要性。

中层管理者作为一个部门的负责人，理所应当要重视计划的作用。当你在工作中有了明确的执行计划时，你的工作就有了明确的目标和具体的步骤。然后，用计划协调员工的行动，增强他们工作的主动性，减少盲目性，确保工作能够有条不紊地进行。同时，计划还对员工有约束和督促作用，因为计划也是对员工的工作进度和质量的考核标准。

在工作中，计划对工作具有指导作用和推动作用，做好执行计划是实现目标的重要手段。因为计划是连接工作与目标的桥梁，如果没有计划，实现目标就可能是一句空话。对中层管理者来说，在完成一项任务之前必须要有严密的执行计划。首先要知道你所在部门的工作任务和目标，清楚工作的内容。其次对如何干好这项工作、安排什么人来干这项工作、进度如何安排、需要哪些资源等，都要做到心中有数。这些内容都要在你的计划中体现出来，并且让员工清楚。

当员工清楚地知道团队正在努力实现的目标以及他们将为实现这

个目标所要做的具体工作时，员工才能够协调行动、展开合作，确保这些目标能够实现。如果只有目标而没有执行计划，就会使目标变得模糊；目标的缺失，就会使员工的工作积极性减弱；员工没有积极性，工作效率就会降低，最终会影响工作目标的实现。所以，中层管理者要养成做执行计划的良好习惯，执行计划也是管理工作中的必备工具。

中层管理者推行有计划的执行方案，意义在于让每个员工在接到任务之后，都有制订计划的意识。比如，你让员工完成一个项目策划，员工马上会想：我将用几天完成这个项目策划？第一天干什么？第二天干什么？如果每个员工都有条不紊地执行任务，那么团队的执行力将会非常强大。

## 执行落实到细节，才能保证任务圆满完成

对于细节，世界上的各个民族都很重视，并留下了很多的名言警句。我国的老子说："天下难事必作于易，天下大事必作于细。"戴维·帕卡德说："小事成就大事，细节成就完美。"英国的一位作家说："细节是构成金字塔的一块块方石，是铺就铁路时自甘居下的一条条枕木。"德国的一位建筑师卡尔说："是细节成就了一幢幢高楼，忽视细节就等于忽视自己的事业与生命。"他们所说的，都是强调要注重细节。因为细节太重要了，任何大事都离不开小事。如果不注重细节，就像是古人所说的："差之毫厘，谬以千里。"

在关键的时候，细节能发挥巨大作用。可能大家都听过因为一枚铁钉灭亡一个国家的故事。这是发生在英国查理三世身上的故事。铁匠在给查理三世的战马钉马钉的时候，少钉了一枚钉子，结果在战斗中他的战马因马掌掉了而摔倒，导致查理三世被俘，国家灭亡。后来英国就有了这样一首民谣："少了一枚铁钉，掉了一只马掌；掉了一

只马掌，丢了一匹战马；丢了一匹战马，败了一场战役；败了一场战役，丢了一个国家。"

所以，在任何时候都不能忽视细节的作用，因为在关键的时候它决定了事情的成败。2003年2月1日美国"哥伦比亚"号航天飞机发生爆炸，就是因为一小块脱落的隔热瓦击中了飞机左翼前部的隔热系统，结果导致七名宇航员不幸遇难。

在商业活动中，细节也非常重要。只有抓住每一个细节，才能更靠近成功。被称为"经营之神"的王永庆，就是一位非常重视细节的企业家。

王永庆因为家贫读不起书，16岁时在嘉义开了一家米店。当时嘉义已经有了近30家米店，竞争非常激烈。王永庆没有多少资金，只能在偏僻的巷子里租了一间小门面。由于没有竞争优势，他的生意冷冷清清。

后来，王永庆想到要想在市场上立足，必须要有一些别人没做到或做不到的优势才行。经过思考，王永庆决定在米的质量上下功夫。由于当时稻谷的收割与加工技术都很落后，米中常掺杂有沙子或小石子之类的杂物。用户做饭前都要淘米，虽然不方便，但都习以为常。

王永庆决定从这里入手，他带领两个弟弟，用手把米中的杂物一点点地拣出来。就这样王永庆卖的米由于质量好而受到顾客的好评，生意渐渐红火起来。当时用户购买米后，都是自己带回家。年轻人倒没什么，上年纪的人就很不方便了。王永庆留意到这一点后，主动送货上门，这一服务措施又受到顾客的欢迎。

王永庆给顾客送米时，留了一个心眼儿。他会记下客户家里米缸的数量，会询问客户家里有多少人，大人多少、小孩多少、饭量如何，然后估算客户下次买米的时间，并记在本子上。到时间了，王永庆不等客户上门，就主动把米送去了。

在送到后，王永庆还帮客户把米倒进米缸。如果缸底还有剩米，王永庆就先把剩米倒出，再倒进新米，然后再把陈米放在上面，他这样做就是为了防止米存放时间过长而变质。王永庆连这样的细节都为客户想到了，因此感动了不少客户，并赢得了很多客户。

由于王永庆非常注重细节，很快他的知名度就提高了，生意也日渐红火。当他有了一定的资金积累之后，就自己开了个碾米厂，租了更大的门面。王永庆就是这样从一间小小的米店老板成长为台湾首富的。

当王永庆的事业做大了以后，有人劝他学习美国的管理，不管细节，只管大政策。而王永庆却说："我不仅做大的政策，而且更注意细节的管理，如果我们对这些细枝末节进行研究，就会细分各操作动作，研究是否合理，是否能够将两个人操作的工作量减为一个人，生产力会因此提高一倍，甚至一个人兼顾两部机器，这样生产力就提高了四倍。"可见王永庆是非常注重细节管理的。

所以，作为中层管理者，要实时对员工进行指导，确保细节执行到位。因为任何细节上的差错都有可能导致整个任务的失败，就是所谓的"一着不慎，全盘皆输"。为了避免这样的情况出现，中层管理者必须要注重细节。

有一位管理专家曾说："从你手中溜走1%的不合格，到了用户手中就会变成100%的不合格。而一旦用户对你的产品失去了信心，结果就是你的产品卖不出去，企业运转失灵，最后关门。"可见，保证执行到位，绝不打折扣，关系到企业的生死存亡。只有把每个环节都做到位，把每个细节都注意到，才能保证有一个圆满的执行效果。

细节失之毫厘，结果谬以千里。在企业管理工作中，细节对于执行者来说是非常重要的，因为一个细节处理不好，往往会埋下一个大隐患。中层管理者一定要在工作中强化这一思想，使执行落实到每一个细节上。

## 将员工放在合适的位置，才能提高执行力

可能你会有这样的疑惑：我部门中的每个人都很优秀，为什么每次工作都让我费心费力地指导，还是完成得不够好呢？原因很简单，你没有让合适的人做合适的事，他们自然对你的要求执行不到位。只有给每个员工合适的岗位，执行力才会提高，才会更快更好地实现公司的目标。

所谓"人尽其用"，既不能大材小用，也不能小材大用，只有适合的人才放到适合的岗位，才会使人才的才能发挥到最好的状态，他做的工作也才会有一个让人满意的结果。假如你公司的财务经理性格内向，工作起来一丝不苟，但是不善于和员工沟通，协调和处事的能力比较差，交给他的工作不能很好地执行，这个人就不适合做财务经理，但是可以让他做财务主管，他认真的性格会使财务上出现错误的机会减少，这样也可以为公司的发展尽一份力。

福特公司工程师哈罗德·斯伯利特曾经大力主张生产一种微型货车，他敏锐地觉察到这种微型货车将会是未来汽车制造业的发展趋势。但是，作为福特公司的领导人，亨利·福特二世还在为之前埃德塞尔开发微型货车的失败耿耿于怀，他认定自己的能力比不上自己的前任埃德塞尔，他都做不到的事情，自己自然也做不到。

正当斯伯利特踌躇满志地提出自己制造微型货车的意见时，福特毫不犹豫地拒绝了。斯伯利特因此对福特公司失望透顶，他认为这家公司已经不能满足自己的发展要求了，于是就有了另谋高就的想法。

当斯伯利特离开福特公司的消息传出时，沃尔沃、通用汽车等福特的竞争公司纷纷向斯伯利特抛出了橄榄枝。最后，福特公司"第一死敌"——通用汽车捷足先登，得到了斯伯利特的垂青。在这里，斯伯利特研制微型货车的想法得到了该公司总裁艾科卡的全力支持。在研发新型车上，斯伯利特用了足足五年时间。其间，他也经历了无数次的挫折和失败，但是艾科卡始终对他充满了信心，对他的一切需求都满足供应。

五年后，斯伯利特的新型微型货车终于上市，并大受欢迎，成为通用汽车的支柱产品。斯伯利特终于在通用汽车完成了自己的心愿，他自己也从此登上了事业的高峰。

海信集团人力资源部的部长卢夏青曾经说过："每个人都会有优点和缺点，如果你想聘用某个人的手，你就不得不聘用他整个人。"因此，对管理者来说，只有运用好了每一个人的优点，才会削弱他的缺点。而中层也只有利用好了员工的每一个优点才会让员工达到优化配置，当每个人在公司中都成为人才的时候，公司才会在员工身上获得最大的价值。

经常有经理抱怨找不到适合的人，觉得做每一项工作的人，都有不同程度上的欠缺；或者是花费了大量的人力和时间培养的员工做的工作并不让人很满意。也经常会有员工抱怨找不到属于自己的伯乐，英雄无用武之地。出现这种现象的主要原因就是没有让合适的人去做合适的事。其实，一个人能不能称得上人才，是相对于他做的工作来说的，或许一个在岗位上一无是处的人，到了合适他的岗位上时，就会发出金子般的光。

英国管理学家德尼摩曾经说过："任何人都有他自己该有的位置，只有将一个人放在适合他的位子上，才能发挥出他身上的潜能。"那么，中层管理者如何给员工量体裁衣呢？

1. 根据员工的性格特点

每个员工都有自己的性格特点和个人爱好，对部门的管理者来说，应该按照下属的优点和喜好来合理地分配工作。比如，让成就欲望比较强的下属单独去做一件有挑战的事儿，并在他完成任务后及时给予肯定和赞扬，提升其工作的积极性；让有权力欲望的人，按照他们的能力担当相适应的管理职位，同时要加强下属对企业的认同感，增强员工之间的凝聚力，这样才能激发员工的工作热情。

2. 根据员工的爱好和专长

"闻道有先后，术业有专攻。"这句话是亘古不变的道理，是我们老祖宗总结出来的精华。假如我们把瓦匠调去做木匠的活，将木匠调去做瓦匠的工作，最后不仅工作效率低，也会把事情做得一塌糊涂。每个人都有自己的长处，而企业管理者该做的就是给予每个人才适合发展的道路。量才适用，需要按照不同人才身上的不同素质来安排相应的岗位职责，将合适的人才放到合适的位置上。同时，在做这些工作之前，企业管理者要注意记住人与人之间的性格、气质、兴趣和专业等之间的差距，发现他们的专长。

对许多企业来说，知人善任或许就是一件难事，需要中层管理者花费大量的时间、精力，去观察、了解一个人才的能力范围。有时候，为了一个关键职位的适当人选，管理者会大伤脑筋，会使企业管理者行事过于小心翼翼。但这种小心翼翼是必需的，否则，当发现因为用人不当而造成重大损失时，就无可挽回了。

将一个有才华的人才放到合适的位置上，才能发挥其特长，才能

施展出他身上的才干。如果把不适合的人强行放到不适合的岗位上，既会造成员工无法完成企业设定的目标，又会造成下属心中的不满，从而造成企业工作效率的降低，也是对人才资源的浪费。中层管理者必须时刻谨记，对人才就该"量体裁衣""知人善用"。

## 执行工作任务时，要处理好速度与完美的关系

"商场如战场"，在战马嘶鸣、杀声四起的战场上，谁会在乎你砍在敌人身上的刀伤是不是精美整齐？在我国著名兵书《孙子兵法》中便有记录，讲的就是在战场上"兵贵神速"，速度在战场上就是致命的因素，谁的速度快一点，谁胜利的把握就大一点。

在这个竞争日益激烈的快节奏时代，时间就意味着金钱，意味着利益，而一个企业最大的经营目的就是利益。一个良好的团队有着最具效率的执行力，如果在难得的机会面前瞻前顾后，那么最终你将会失去这个机会。而同样，老板在乎的不仅仅是工作质量，比工作质量更加重要的是效率。想想看哪个老板愿意等上一百年，等你把一件工作做到臻于完美，挑不出一点毛病，恰恰相反，他们更愿意你在几个小时的时间内把一件工作做到八九十分就可以。从经济学的角度上来讲，在相同的时间之内，五项都是九十分的工作所创造出来的价值远远高于一件做到了九十九分的工作所创造的价值，事实上一件做到九十分的工作已经能够满足顾客的需求。因此，几乎所有的老板都喜欢工作效率特别高的员工，一个讲求工作效率的员工往往更容易得到老板的注意。

在这个注重效率的时代里，如果还苛求完美，那么迟早有一天，你会渐渐落后于众人的脚步。

1998 年的时候，曾经在电脑行业叱咤风云的惠普遭遇了其辉煌史上的黯淡一页。那一年惠普的净营收增长率只有

3%，对比前两年的30%，这个数字显得极为讽刺。无以为继的时候，公司做出一个极为艰难的决定，他们不得已宣布：2000多名中高级经理暂时减薪5%。一时间，舆论哗然。人们在用亚洲金融危机与PC行业价格战来安慰受挫的惠普，但华尔街的分析师却并不这样认为，事实摆在眼前：同样的情况下，戴尔、IBM等公司并未下滑到如此低谷的境地。分析师们质疑：难道惠普的适应能力如此之弱？

"受任于败军之际，奉命于危难之间"的新任CEO卡莉，上任后便开始寻找原因，谋求新的发展。她看到的惠普其实还是非常有实力的，群英荟萃、技术超群、品质卓越，但是业绩却差强人意。经过调查，她发现，最根本的问题就是市场。大家在一起追求的是瞄准的精确度，所以，惠普的行动总是比市场慢好几拍。她认为：惠普的最大问题其实是出现在惠普自己身上。在过去的60年，惠普奉行的一贯宗旨是：品质卓越，尊重员工，这一宗旨在网络经济发展初期获得了巨大成功，造就了惠普的辉煌。到了信息经济时代，惠普并没有选择与时俱进，依然坚持在过分追求品质和员工共识的认识上。他们的新产品总是要等到各方面都达到95分以上的时候才推出，就这样，牺牲了最重要的决策与执行速度，在网络经济中失了先机，显得十分被动。针对这一弊端，卡莉在一片反对声中，坚持执行了新的速度逻辑理论：先开枪，后瞄准！她决定，在产品做到80分的时候就可以推出了，随后再求慢慢改进。

对此，卡莉做了一个非常著名的比喻：滑水冲浪的时候，你要保持一个速度才站得起来，这一过程中，我们很难抓住行进路线，但是不能为了抓住路线而将速度放慢，网络的时代，要抓住速度才能进入竞争的门槛。想想微软，它的哪一个产品是完美的？但它的速度却是最快的，在它的领跑下你只有先保证不落后才能够找准时机超越它。这一点英特尔就做得非常好，它的产品也未必就完美，但它创造出了世界上最著名的摩尔定律：每十八个月，英特尔让 CPU 的运算以几何级数倍增一次！

参照惠普，中层的处境也有相似之处。中层是一个企业执行者中的中流砥柱，如果在任务下达后，只追求质量而忽略速度，那么这势必影响到整个公司的工作计划。要知道，工作质量的不甚完美并不可怕，至少要比工作完不成好些。只要能够在第一时间占据市场，就赢得了修正和更新的机会，根据市场的要求不断做出更新，岂不是更好？在你拿到任务后，督促你手下的团队努力去做，尽快完成后，交付老板，就算这项工作做得不甚完美，他顶多也只会说："工作完成得不错，那些小瑕疵，下回注意就好了。"但是你想想，到了任务交付期限，你还带领着你的团队在那里精益求精，很大一部分工作还没来得及开展，你的老板会怎样？就算他想夸你也找不着理由吧！

现代社会的竞争已经没办法跟效率撇开关系，谁抓住了效率谁就赢在了起跑线上。商场竞争激烈，秉持效率第一，完美第二的原则，是一种与时俱进。作为公司的中层领导要首先重视起这样的理论，将来你手下的团队自然会模仿你，以最快的速度完成你所要执行的任务，以便为公司占取市场先机，赢尽市场上的优势。千万不可一味讲求完美，对每一个细节精雕细琢，花费正常时间的三到五倍。这样除了拉长生产战线之外，还增加了公司的成本。最严重的事情莫过于贻误商机，迫使公司在市场竞争中处于被动地位，那么，公司前期所做的一切努力就将付诸东流。而打着"不完美"的旗号来拖延时间的想法最不可取，这不是你无法按期交工时自欺欺人的理由和借口。

瞬息万变的市场中，有速度才有执行力，没有速度的目标执行，

即使你做到了完美，执行的结果也不一定会达到预期的效果。记住，效率就是执行力，效率就是竞争力！

## 在困难中找方法，尽力创造条件去完成任务

1960 年春，我国石油战线传来喜讯——发现大庆油田，一场规模空前的石油大会战在大庆展开。王进喜从西北的玉门油田率领 1205 钻井队赶来，加入了这场石油大会战。一到大庆，呈现在王进喜面前的是许多难以想象的困难：没有公路，车辆不足，吃和住都成问题。但王进喜和他的同事们下定决心，有天大的困难也要高速度、高水平地拿下大庆油田。钻机到了，吊车不够用，几十吨的设备怎么从车上卸下来？王进喜说："咱们一刻也不能等，就是人拉肩扛也要把钻机运到井场。有条件要上，没有条件创造条件也要上。"他们用滚杠加撬杠，靠双手和肩膀，奋战三天三夜，38 米高、22 吨重的井架迎着寒风矗立在荒原上。经过艰苦奋战，仅用 5 天零 4 小时就钻完了大庆油田的第一口生产井。

在极端艰苦的条件下，铁人王进喜喊出了"有条件要上，没有条件创造条件也要上"的口号，这句豪言壮语反映了王进喜的超强执行力。我国就是在极端困难的条件下，开发了大庆油田，一举摘掉了"贫油国"的帽子。

在工作中，不可能所有条件都具备了我们才去干这项工作。当条件不具备的时候，就是创造条件也要执行，这才是有执行力的表现。有句话说得好："一流战略三流执行，不如三流战略一流执行。"这句话就是强调执行的重要性。台湾著名学者汤明哲认为，成功的企业，30% 靠战略，40% 靠执行力，其余的 30% 靠运气。在这里他也是强调执行力的重要性。

中层管理者在完成任务时，一定要有执行力。在没有条件的时候创造出条件把任务完成，这也是有执行力的表现。执行力也是中层管理者有担当的表现，对分配给自己的任务，有条件要执行，没有条件创造条件也要执行。这才是一名合格的中层领导。杨元庆在做中层管理者时，就具备这样的素质。

联想创立之初，杨元庆担任计算机辅助设备部的经理，主要任务是负责销售另一家公司的仪器。这就是现在所说的"代理"。然而当时在国内很少有人知道"代理"的概念，市场条件更是不具备，也不成熟。

在这样的条件下，杨元庆没有抱怨，也没有向老板提出条件，而是带了几个人来到中关村"扫街"。他们分头行动，只要看到有销售电脑的商店，就赶紧递上联想的名片，向店主介绍他们的产品有多好，并耐心地解释什么是"代理"。就这样，在杨元庆的带领下，他的团队经过努力到年底时销售业绩增加了一倍。两年后，杨元庆所负责的部门销售额从3000万元增加到了3亿元，杨元庆也因此升了职。

在这个案例中，杨元庆在没有条件时不等不靠、不抱怨，而是积极地创造条件去完成任务。他作为设备部的经理，在客观环境困难的条件下没有跟领导提条件，而是自己带领员工去挨家挨户地推销，这就是在想办法、创造条件去完成任务。

在电视剧《亮剑》里有一个情节：李云龙当上团长后，找旅长要装备，旅长说："要枪没有，你既然能当团长，就有能耐搞到枪，要不然你就回家抱孩子去，别在这儿给我丢人现眼。"既然挑选李云龙来当这个团长，就是因为他这方面的能力比别人强，就是要他发挥自身的价值。所以，当你在条件不具备时完成了别人完不成的任务，就显现出了你的价值。

作为中层管理者，当上级管理者分配给你的任务有难度或者不具备执行的条件时，应该怎么办呢？放弃是错误的选择。你要先对你要完成的任务进行仔细的分析，看看它需要的执行条件，哪些是你没有的，哪些是有的，对这些条件进行整合。如果是你的能力所不能解决的，你可以向老板要求给你增加一名助手。当然这名助手是要能弥补你能力缺憾的人。如果你的员工中有这样的人，你就不用再向老板请求支援了，你可以直接让他做助手，既给了他一个展示才华的机会，也让你的工作有了可以完成的条件。当然，寻求别人的帮助，并不是就说明你的能力有问题，恰恰相反，说明你有着良好的执行力，可以通过各种方法把工作做好。

如果任务的困难不是因为你自身的问题，而是因为任务本身不具备完成的条件，你可以不用按照规律从头开始一点一点地做，可以从任务的中间或最后开始做起，说不定你做的就会给前面的事情创造一些必要的条件。还可以先不要急着做这件事情，先回顾一下你以前完成的工作，做到"前瞻后顾"，或许你要的条件就隐藏在其中的某个部分中。

或许有很多中层管理者会觉得委屈，甚至心有不甘，因为在一些时候，条件欠缺和不成熟是客观的事实，而不是借口。他们说得没错，客观事实是存在的，但同样方法也是存在的，自己所要做的恰恰就是在困难中找方法，创造条件去完成任务，才是自己最正确的工作方式。

## 增强员工的责任感，谁拖后腿就拿掉谁

员工在什么情况下才能把事情做好，达到想要的结果？答案就是当员工负起责任的时候，才能真正把事情做好。然而，责任意味着风险，很少有员工愿意主动承担责任，那么怎么才能增强员工的责任感

呢？就是要锁定责任，问责到人。

所谓锁定责任就是一对一的责任，就是任何事情都有员工负责，出了问题有人承担。在工作中，很多事情由于执行不到位，导致没有结果，就是因为没有落实到人。由于没有锁定责任，结果就是互相推脱责任，最后都没有责任。

　　有一家企业由于产品最近销售不畅，出现了积压。总经理召集各部门经理开会，准备查找原因，研究对策。

　　在会议上，营销部门的经理首先说，产品销售不畅，我们是有责任的，但是我们不是主要责任。主要是因为竞争对手研制出了新产品，并且产品比我们的好，这让我们销售部门很不好做。

　　营销部门经理说完，研发部门经理就发话了，我们近来没有推出新产品，是因为我们的预算削减了。

　　研发部门经理的话音刚落，财务部门经理紧接着说，我们是削减了你们的预算，但是我们也有苦衷，因为公司的采购成本在上升。

　　这时采购部门经理说，我们的采购成本是上升了，这主要是因为钢材涨价了。

　　总经理听各部门经理这样说，生气地说："这样大家都把责任推脱了个一干二净，我只有找钢铁厂去考核了。"

这个案例是不是有点荒唐？如果企业没有锁定责任、问责到人，就会出现这么荒唐的结论。因为大家都不是没责任，而是都不愿承担责任，结果把责任推到企业之外去了，所以才会出现像案例中这样的"企业的销售不好，是因为钢铁厂的钢材涨价了"的荒唐结论。

因此，在管理工作中，只有锁定责任，每个环节都有人负责，出了问题能找到责任人，这样才可能把事情做好。南京的古城墙之所以能经历六百多年风雨而不倒，就是因为责任明确。考古人员发现，建造南京古城墙的砖，都刻有铭文，除记载有时间、州府名称外，还有监造官、烧窑匠、制砖人、提调官。这些人的责任分别是：监造官负责规格，提调官负责运输，制砖人负责做砖，烧窑匠负责烧砖。每一个环节都锁定了责任人，哪一个环节出了问题都能问责到人。所以，才保证了城砖的质量。

可见，古人都知道要锁定责任、问责到人的管理制度，所以才有了质量的保证，得到了最好的结果。在当今中国的企业中，在一个团队中，总会出现一些跟不上团队脚步，给团队拖后腿的人，你是怎样对待这些人的？睁一只眼闭一只眼，还是教他如何去做才是正确的？或是直接把他辞退？对待这样的人，千万不能心慈手软，心慈手软的后果是让你的团队工作进程减慢，削弱与别人的竞争能力，甚至还会影响到整个公司的发展。

每一个员工对自己的工作都负有一定的责任，做好自己的本职工作是一种义务。当他们在工作中出现错误的时候，一定要追究到底，把负有最大责任的那个员工揪出来。但是，有时候团队中的员工因为相处的时间长了会产生一种感情，这种感情会让他们在你追究责任的时候相互包庇，让你很难分清楚到底是谁的责任最大，不知道该处罚哪一个。出现这种情况的时候，有些管理者就会不了了之，这是一种很不明智的方法，这样做只会让你看不清每一个员工的能力，时间长了，错误出现的次数多了，就会影响到整个团队的发展。

追究责任看上去简单，其实也是一件比较困难的事情。有时候，当你看到某个员工犯了错，先不要妄下判断，有很多事情并不是表面上看的那样。一个团队是在合作中进行工作的，一个员工做错事情并不代表只有他自己做错，也可能是因为其他人在前面的环节中出错他才会出错。你要把错误的根源找出来，然后再判断到底是谁的错误。这样对员工来说比较公平，你也知道工作要在哪里改进。

还有一种情况是你不知道是谁的错误，这时就要借助群众的力量了，群众的眼睛是雪亮的，可以让员工自己把错误的根源找出来。你可以采取集体讨论的方式，但是如果员工碍于情面不愿意当众说出是谁的错误，就可以采取无记名调查的方式来了解谁的责任最大。

当然，一个团队的工作不符合管理者的意愿，还可能是没有按照公司的正常制度来做事。你可以通过对员工们进行考核，还有平时对他们的观察来判断员工的工作情况，如果有的员工是因为没有遵守制度使工作陷入困境，那就要按照公司的处罚条例对他进行处罚。

当你发现或找到这样的员工之后，可以先对其进行培训，如果他们还是不能适应工作的话，就要坚决予以辞退，不能因为一个人拖整个团队的后腿。你也不能出于某些原因对他心慈手软，比如，他在公司年限比较长，你看在他对公司做出了较多贡献的分上减轻或不追究他的责任。

因此，作为一个中层，一定要把责任追究到底，谁拖后腿就拿掉谁！否则受到影响的就不只是团队，还有可能会使整个公司的利益受损！

当鼓励已经不起作用，"亮剑"的时刻就到了。出现问题就要把责任追究到底，谁拖后腿就砸谁的饭碗！杀鸡就是给猴看的，只有把拖后腿的人清理出团队，给其他的员工以警示，才能消灭他们的侥幸心理，让他们努力做好自己的工作，提高执行力！

## 制度需要严格执行，人情只能适当流露

随着社会不断发展进步，很多国家都越来越重视制度建设，企业也是一样。任何企业，无论规模大小，人员多少，都有着自己的管理制度、考核制度等，企业也是用这些制度对员工进行约束。然而制度是靠人制定的，也要靠人来执行，那么这中间坚持原则执行制度与照

顾人情的拿捏，往往会给管理者带来困扰。管理者在员工违反制度的情况下若是顾忌私利照顾人情，必然会使企业规章制度形同虚设，没有了有价值的制度，员工就会纪律松弛，工作消极。因此，作为一个管理者，必须要把各项制度严格落实到位，不能让制度成为摆设，绝不能向人情妥协，只有这样，企业的规章制度才能够发挥其应有的作用。

制度是冷冰冰的条文，但是人情的温暖可以大大软化一些员工的抵触情绪。只要在员工犯错后能够实事求是，一视同仁，那么定会让员工心服口服，从心底认识到自己的错误。但是员工能够正确认识到自己的错误并不代表他就会没有怨言，任何人在受到批评的时候都会有些难为情，感觉自尊心受到伤害。那么，在这个时候，上级领导一定是无暇顾及，那么中层领导就应该上前去抚慰，这样在员工心理上会起到很大的安慰作用，同时你也会在员工心中留下恩威并重的印象，有利于今后的工作开展。

　　杜明在国内某家软件开发公司工作，工作不久就因成绩突出被提升为部门经理。他部门的同事个个都是国内一流的软件程序设计专员，见过他们作品的人都对他们赞赏有加。公司的工作环境较为宽松，每天的工作量并不是很大，所以他们的空余时间较多。有那么几个人就利用这些空余时间接一些私活挣点外快，但是公司有明确规定员工不得瞒着公司去接私活，若有这种情况发生，则一律按着规章制度进行处罚。

　　一天，杜明在外面约见客户的时候，无意间发现自己部门中的一个员工在接私活，他不动声色地上前搭讪。因为平时杜明与员工关系很好，那名员工也没有慌张，他对杜明说："杜经理，我以后再也不做这样的事情了，你可别向公司反映情况啊。"这名员工认为杜明会帮他隐瞒。经过一晚上的考虑，杜明主动找到那名员工，跟他说："我如果替你隐瞒，那么其他员工也会跟风，到那时，咱公司的规章制度就完全没有了约束力，最终对公司和你们都没有好处，希望兄弟你能支持我的工作。"经过推心置腹的长谈，那名员工也表示理解杜明的这种想法，于是跟着杜明一起到了高层领导那里汇报这件事情。高层领导肯定了他对公司的贡献，但是对于这样的错误还是表示无法原谅。在这名员工签完离职书后，高层领导立即拿起电话拨通了一位常年和公司有合作的另一家公司董事长的电话。就这样，该员工并没有失业，只是在离职三天后去往新公司报到而已。

后来听说他在新公司发展得不错，当然，公司的其他员工一开始并不知道这点，直到后来该员工以经理的身份再一次同公司洽谈业务时，大家才恍然大悟。这段故事在公司传为美谈，大家都认为是杜明处理得当的结果，此后，对这位杜经理心服口服。

作为一个中层管理者，要明白自己的身份，不能因为与员工的人情关系就损害企业的利益，杜明的这种行为就是充分地考虑了企业利益，按照管理制度对员工进行处罚。但是，也不完全只是惩罚了事，公司也是讲人情味的。如果在员工的心目中，作为管理者冷酷无情，这会大大削弱员工的工作积极性，很有可能会导致你的工作无法顺利进行。当然，这里的"人情"和与员工触犯相关规章制度时姑息纵容的私人感情不同，这里指的是对员工的一种关爱之情。杜明的做法就很值得称道，在对员工进行处罚后，送去一份大大的安慰，给予了他新的发展空间，这就充满了很浓的人情味。

那么，该怎么样才能增加与员工之间的人情呢？

首先，对员工的工作给予适当的支持鼓励。员工会在工作中遇到很多困难，作为管理者的你就应该主动地为员工排除工作中的障碍，必要时言传身教，让员工能够顺利地完成工作。

其次，对员工的生活给予合理的帮助。每个人在生活中都会遇到这样或那样的问题，作为管理者，如果能够在员工遇到困难的时候给予必要的帮助，则会很大程度上拉近与员工之间的距离，这对于你工作的展开也会有很大的帮助。如，员工生病了，你可以带些东西去探望一下。

最后，适当地帮助员工减轻一下心理上的负担。如果员工在工作中有很大的心理负担，不管这样的压力是源于生活还是来自工作，你都应该以合适的方式开导一下他们，帮助他们减轻这种负担。

这种对于员工的关爱之情不是画蛇添足，你应该渐渐习惯于把它变成分内之事，而大多数员工会把人情上的帮助和感化化成工作的动力。企业规章制度的执行也会变得更加容易，员工也会理解管理者的这种管理方式。

制度化的管理是企业管理的基石，要保证制度得以贯彻执行才能够使员工有章法可循，才能使整个企业正常运转，才能够给企业带来最大的效益，促进企业进一步向前发展。

## 口号得不到执行，那它的存在就没有意义

"追求卓越""客户至上""没有最好，只有更好"等口号在很多公司的醒目之处都可以看得到。作为中层的你，或许也给员工们写了口号，可能是振奋精神的，可能是要求工作质量的。不管是哪一种，你的员工都在响应这个口号吗？都把这个口号变成了实际行动吗？

一个口号的存在就要有它的实际意义，不能听到人家喊着响亮的口号，为了赶潮流也制定几个口号摆在那里，而是要根据所做的工作或者是员工们欠缺的精神制定口号，让他们在看到这个口号的时候知

道自己在做什么，应该要怎样做。当然，也不能拿口号当摆设，既然有了口号，就应该去好好地响应，中层就是把口号变成实际行动的实践者和监督者。

当你的上级领导在会议上和你说，你部门今年的销售业绩要比去年增长百分之十，你高喊着增长百分之十的口号走出会议室，向你的员工们传达，之后，你还会说一些激励精神的话，鼓励他们努力地工作。但是在此之后，你的工作开始改变了吗？你的员工开始努力了吗？

　　一个当记者的朋友曾经写过一篇有关"错把企业内部培训当传销"方面的稿子。朋友当时接到通知，要他去采访一个刚刚发现的传销犯罪团伙，等赶到的时候才发现是弄错了。原来，那是一个公司在业余时间给员工们做培训，之所以被误会成传销，是因为他们培训的方式很特别，不是教员工们工作方式，也不是教他们如何解决工作中出现的问题，而是高呼企业的口号和有关金钱的大道理。外人只从声音上辨别，就误会了，把他们当成是传销窝点。

　　在好奇之余，朋友采访了公司的几个员工，问他们的公司发展得怎样。他们一直摇头叹息："唉！公司快不行了，一个月接不到几个订单。"朋友继续问他们公司就有没有采取什么办法解决。他们告诉朋友，公司认为业绩上不去是因为员工们没有努力地工作，所以从前几天开始，就一直在给他们做培训，让他们高呼口号，想激发他们的情绪，但是这并没有让他们觉得工作的时候有什么激情，只觉得这样做很假。朋友又到公司办公的地方看了看，发现墙上写满了加油鼓劲的话，桌子上也放着很多励志类的书。但是，根据员工的反应情况来看，这家公司的发展是真的很不好，朋友很无奈地走了。

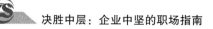
上面那家公司给员工制定口号的措施是没错的，错就错在他们没有让那些口号变成实际行动，空喊口号没有让他们的公司有任何起色，员工们也并没有因此而行动起来。口号对一个公司来说，还是比较重要的，它让每一个人都知道了公司的要求和他们所做工作的重要性，但是如果这个口号没有得到好的执行，那么它的存在就是没有意义的。

因此，如何把握口号的内涵，执行口号的精神，变得至关重要。口号在一定程度上说是一个目标，目标是需要行动的支持才会实现的，每天只是在嘴里说上几十遍的口号是永远都不会实现的。中层可以在不违背公司理念的情况下，根据部门的工作任务、发展目标等设立属于自己部门的口号，这是一种强化员工行动的手段，可以给员工营造一个很好的氛围，起到鼓舞整个团队士气的作用。

口号对员工起到约束的作用，可以给员工们一种勇于挑战的氛围，在这种氛围下，他们愿意愉快地投入工作之中。经理们更要以身作则，把口号中的精神和要求落到实处，假如你对口号熟视无睹，完全不把它当成是一回事，那么相信你的员工也不会很好地执行口号。

喊口号的时机对了，就会起到它应有的作用。在员工们工作努力、业绩提升的时候，可适当地少喊口号，只要提醒他们口号的存在就可以了。这时候，如果还是一味地喊口号，就会成为员工们的压力，让他们有种被管理者拖着前进的感觉。

假如你的部门或公司有口号的存在，那么不妨在日常的工作中有意识地检查一下员工们工作时有没有用口号来要求自己，把口号当作自己的奋斗目标，当然也不要忘记进行自我检查。如果每一个人都在为口号的目标努力着，那么这个口号就是有价值的。所以要行动起来，不光自己要为口号行动，还要让员工们把口号变成行动。相信你的工作会因此变得更加出色。

坤 福 之 道

口号毕竟是口号，它虽有刺激行动的作用，但本身却不可能成为行动。如果光喊口号就能为企业创造效益的话，那生产线可以停下来，销售人员可以不再跑烂鞋子拉业务，光进行口号激励就行了。口号服务于行动，如果没有行动，口号就没有存在的意义。

## 提高所有"板子"长度，让执行趋于完美

"木桶理论"指的是由多块木板构成的木桶，其价值在于其盛水量的多少，但决定木桶盛水量多少的关键因素不是其最长的木板，而是其最短的那块木板。这就是说任何一个团队，可能面临着一个共同问题，即构成团队的各个成员的能力往往是良莠不齐的，而劣势部分往往决定着整个团队的执行水平。

作为一个形象化的比喻，"木桶理论"可谓是极为巧妙和别致的。随着它被应用得越来越频繁，应用场合及范围也越来越广泛，已由一个单纯的比喻上升到了理论的高度。这由许多块木板组成的"木桶"不仅可象征一个企业、一个部门、一个班组，也可象征某一个员工，而"木桶"的最大容量则象征着整体的执行力和竞争力。

那么，一个团队要寻求发展，追求卓越，就必须把好员工关，无论是在选择员工、培训员工、回馈员工时都得秉持严格的标准。

"木桶理论"告诉我们，中层管理者要有忧患意识，如果你个人有哪些方面是"最短的一块"，你应该考虑尽快把它补起来；如果你所领导的团队存在着"一块最短的木板"，你一定要迅速将它做长补齐，否则它给你的损失可能是毁灭性的——很多时候，往往因为"一块短板"而毁了所有的努力。

"短板"的表现主要是企业的某一方面的职能不健全或弱化，特别是那些对于企业的发展起着关键作用的管理能力、资金、技术、人才问题等因素，如果这些因素难以和其他的职能实现协调统一的发展，那么就会使企业的整体执行能力降低，盈利能力降低。

多年以来，长城电脑公司在技术方面始终处于同行业领先地位，然而长城电脑的市场占有率却一直难以获得较大的提高。原来长城公司的老总是搞技术出身的，所以对技术及生产非常重视，却忽视了企业发展的另一个主要环节——销售。在过去的几十年中，长城电脑公司不断投入巨资进行技术研发，从而取得了令同行羡慕的技术进步。过于强调技术和生产的经营观念使得它的销售部门很难聚集一流的销售人才。在企业收入分配方面，销售部门的收入远不及研发部门，仅仅是与车间持平。在电脑行业，同行广告费占到销售额的7%，而长城电脑的广告费用只有3%。因此长城电脑的销售市场始终没有大的起色，公司的效益也一直难以提升。

由于企业是一个由很多板块组成的组织系统，如果一个企业只是一味地发展优势，强化"长板"，最终就会产生问题。中层管理者作为企业的一员，对企业中"短板"不能视而不见，应当想办法改善状况，促进企业的发展。同样地，对于下属的"短板"，中层管理者也绝不能熟视无睹，应当及时给下属提出来，责令其改正，否则，下属的"短板"就像定时炸弹，一不注意就可能酿出大问题。

有一家公司的营销员提前到一家酒店里为客户预订房间，这家酒店的环境很好，就餐、住宿条件都非常理想。正当他准备选择这家酒店，在察看房间时，看到一个服务员没有敲门就进了一个房间。按照常理，如果房间里有客人，服务员肯定要敲门的，除非这个房间里没有住进客人。当他提出要预定这个房间时，对方却说这个房间已经有客人了，只是他们白天不在房间里。

这个服务员的回答顿时让营销员改变了选择这家酒店的想法。原因很简单，虽然这个服务员可能知道只要房间已经入住客人，就不能随随便便连门也不敲就进入房间，但是他并没有这样实际执行。

因此，一个组织、一个人，不是某一方面的能力超群就能立于不败之地，而是要看整体的状况和实力。一个人是否具有较强的竞争力，往往取决于他是否具有突出的薄弱环节，如果某一关键能力真的非常薄弱，那就丧失了参与竞争的入场券，更不用说与他人平分蛋糕了。

工作中的许多事情都是这样，关注自己的薄弱环节，可以让自己成为一个全面的职业选手。而如果我们始终觉得自己有一方面突出的优势就可以的话，必将被社会所淘汰。

任何一个组织或许都有一个共同的特点，即构成组织的各个部分往往是参差不齐的，但劣势部分却往往决定着整个组织的水平。问题是"最短的部分"是组织中一个有用的部分，你不能把它当成烂苹果扔掉，否则你会一点水也装不了。

一个企业要想成为一个结实耐用的木桶，首先要想方设法提高所有板子的长度。只有让所有的板子都维持"足够高"的高度，才能充分体现团队精神，完全发挥团队作用。中层管理者提高下属竞争力的最好办法就是对下属进行教育和培训，通过对下属进行针对性的培训，来消除团队工作执行中的短板。

# 第九章　同级协调：关系广远近适当，
## 和为贵精诚合作

　　中层主管是否能与同级搞好关系，意味着自己的位置是否能坐得稳、坐得久，因为你们之间既是协作者又是竞争者，同级之间的印象往往可以起到绝对的评判作用。中层主管与同级的正确关系应当是——远近适当。同级之间和谐融洽，默契配合，就会增加向心力和凝聚力，形成巨大的合力，促进事业发展。

## 同事们之间精诚合作，才能形成较强的合力

一个中层，如果想在职场上得到进一步发展，成为老板的得力助手，就不能做孤家寡人，必须得到同事们的支持和拥护，这样做起事来才能得心应手。

一个国内知名的人力资源专家指出："许多有能力的中层领导在职场中普遍表现出来的自负和自傲，使他们在融入工作环境方面显得缓慢和困难。他们不喜欢跟别人沟通，缺乏合作精神，项目都是自己做，不愿和同事们一起想办法，这大大制约了他们能力的发挥，影响了他们在职场中的进步。"

在日常生活与工作中，同事们之间应经常保持联络，及时进行感情、信息交流和沟通，这样才能增进互相间的了解和信任，减少一些不必要的误会和摩擦。跟同事们之间精诚合作，还能在企业里形成一股较强的合力，提高自己的影响力。

程虹和马力是上海裕耕生物科技有限公司的两位优秀中层管理者。最近，总经理准备在他们俩之间做出选择，提升一个做销售部经理，实际上，程虹擅长的是人事管理方面。而在销售方面，无论是经验还是能力，马力都高出程虹一大截。

为了考察他们，公司的高层把一个重要的项目安排给他俩，告诉他们如果这个项目的成绩突出，他们俩将获得晋升机会。

有一天，程虹去马力家做客，想顺便与马力交流一下工作中的问题。一开始，马力似乎有些保留，不太愿意谈项目的话题。不过，程虹的坦诚渐渐打动了马力，马力打开了话匣子，原来他对这个项目已经有了非常周详而又容易操作的

方案。他说出了自己的方案之后，程虹发现对方确实比自己有优势，工作经验丰富，能力也不错，并且还富有激情，便坦诚地说："你在销售上比我有经验，假如这次我全力配合你，把团队的人事关系弄好，让你没有后顾之忧，怎么样？"

马力听到程虹这样说，非常感动，马上表态："如果你能支持我，那真是太好了。其实这个项目对我来说难度并不大，唯一的顾虑就是人事问题，如果你能帮我解决，我一定会尽我的全力，这个项目一定能做好……"

就这样，程虹配合马力把这个项目做得非常出色，并且跟上司坦言马力在销售方面比自己有能力，帮助马力顺利地晋升为销售部经理。为此，马力对她非常感激。

半年后，公司的人事部经理离职，马力力荐程虹接任，并在考察活动中极力配合并帮助程虹。结果，程虹也顺利晋升为人事部经理。两个人在以后的工作中继续精诚合作，成为公司不可缺少的中坚力量。

透过程虹的事例，我们不难看出增进了解、精诚合作的重要性。程虹正是由于与同事马力进行了有益的交流和沟通之后，才对自己有了进一步的了解，主动放弃了被提升的机会，而全力配合马力的工作。工作上的密切配合使得他们两人在不同的岗位上均获得晋升。

阿尔伯特是美国著名的金融家，在初入金融界时，他的一些同学教给了他一个最重要的秘诀，"千万要肯跟你的同事讲话"。据统计，现代工作中的障碍50%以上都是由于沟通不到位而产生的，而沟通、合作是在职场迅速发展的重要秘诀。

作为一名中层领导，要想与同事建立精诚合作的关系，通常可以从以下几个方面着手去做：

1. 接受、承认、欣赏同事

美国学者布吉林教授等人提出，建立良好的人际关系的技巧有三个，用英文来说，这三个词的第一个字母都是 A：第一个 A 是 accept，建立良好关系的第一步就是接受别人。在人际交往中，最不受欢迎的人是做人比较刻薄的人，因此，要乐于接受对方，要严于律己，宽以待人。此外，自以为是、目中无人的人也不受欢迎。第二个 A 是 appreciate，意思是要欣赏对方。第三个 A 是 admire，就是在与他人交往时要赞美对方。

在一个企业的内部，同为中层领导的人可能年龄有老有小，而且性格迥异，经历不同，但各自都有独到之处。所以，要承认对方的优点，尊重对方，学会欣赏你的同事。

2. 不做影响团结的"小人"

企业是一个团结合作的集体，它需要每个中层领导都能进行善意的交流和有效的沟通，配合默契，精诚团结。如果中层领导之间处于一种无序和不协调的状态之中，就无法形成相得益彰、共同发展的局面。那样的话，企业也就无法做出成绩。

3. 主动配合同事

在工作中，要学会主动配合同事，特别是相关部门之间，比如销售和售后部门之间，就应该相互支持，相互理解。不要认为只有自己的工作重要，同事也需要你的配合。只有主动去配合同事，才能得到对方的肯定和拥护，如果喜欢各自为战，把自己的工作跟同事完全割裂开来，那么当你需要别人配合的时候，那恐怕也很困难。

4. 学会向同事求助

向同事求助，也是一种不错的沟通和合作手段。在企业之中，向同事求助并不丢人，是再正常不过的事情。尺有所短，寸有所长，你自己很为难的工作，可能在同事那里却很简单。另外，请求同事的帮助，也能加强团队的合作风气。

需要注意的是，在请求同事帮忙时，把合理的理由说明白，别拐弯抹角让人猜。另外，因为别人并没有义务帮你，所以一定要客客气气的，即使对方拒绝了你，也不要纠缠不休或者心里不痛快，仍然要客客气气的。

一个优秀的中层一定要善于跟同事沟通合作，善于向同事表达我们的尊重、友善、欣赏、协作之意。这样才能赢得同事们的支持和拥护，使自己最大限度地实现职场目标，成就事业上的长远发展。

## 搞好协作配合，才能做到部门间的有效联动

对于中层管理者而言，要想在工作中干出一些成绩，靠单打独斗是行不通的。因为很多工作需要各个部门之间的协调配合，如果配合不好，甚至相互扯皮，相互抵触，那就会陷入内耗，不仅难以完成本部门的工作，还会影响企业的整体发展。

要想出成绩，必须要寻求其他部门主管的配合。然而，同事之间又存在一种竞争的关系，有一种天然的抵触情绪，如何在这种既存在着竞争，又存在着合作的环境中得到同事们的支持，是一个亟须解决的课题。

在一个企业里，如果团队成员间能够互相配合，就可以增强团队的凝聚力。而且，在社会分工更加精细的今天，一个优秀的中层要发挥作用，必须善于与同事带领的其他部门相互配合，否则将一事无成。只有同事之间相互搭台，才能共同起舞。

两个年轻人外出旅行，因为迷路而到了一个人迹罕至的地方。绝望之时，这两个饥饿的人遇到了一个钓鱼的老人。老人手里拿着一个钓鱼竿和装着鱼的鱼篓，他们立即向老人求救。老人说："从这里走出去至少需要七天的路程，我手里的两样东西分别送给你们，请你们自己渡过难关。"

于是，一个人要了一篓鱼，另一个人则要了一根钓鱼竿，

然后就分道扬镳了。

得到鱼的人走了没几步，就赶紧用干树枝搭起篝火，煮起了鱼。他狼吞虎咽，还没有好好品味鲜鱼的滋味，就连鱼带汤一扫而光。但是没过几天，他再也得不到新的食物，终于饿死在了空鱼篓的旁边。

另一个选择钓鱼竿的人只能继续忍饥挨饿，一步步地向海边走去，准备钓鱼充饥。可是，当他看见不远处那蔚蓝的海水时，他已经饿得全身没有一点力气了，于是只能带着无尽的遗憾撒手人寰。

多年后，又有两个饥饿的人因为迷路而到了此地，同样在他们山穷水尽的时候，遇到了一个老人，老人手里有两样东西，一是钓鱼竿，一是有一些鱼的鱼篓。老人依然是分别送给他们每人一样东西。这两个人并没有各奔东西，他们商量，两个人的力量和智慧肯定比一个人大，应该互相协作，共同吃着这些鱼去寻找有鱼的大海。

一路上，他们饿了时，每次只煮一条鱼充饥，以有限的食物维持体力，坚持走更远的路程。果然，在鱼篓里的鱼将要吃尽的时候，他们找到了钓鱼的地方，终于脱险了。

独木不成林，一个好汉三个帮。正如一个名人所言："帮别人往上爬的人，会爬得更高。"也就是说，每一个中层领导在工作、生活、学习中相互支持和帮助，才能收获更多。中层领导应该以整个企业的利益为重，善于跟其他同事合作，只有互相配合、齐心协力地工作，共同为企业的利益奋斗，整个企业才能发展。

一个优秀的中层，一定不要局限于自己的部门，要学会处理好同事间的关系，这样才能做到部门间的有效联动，才能真正发挥企业中坚力量的作用。反之，如果处理不好跟同事的关系，做什么都没有人配合，那你一个人领着自己的部门也做不出什么业绩。

第一次登陆月球的阿姆斯特朗说过一句全世界家喻户晓的名言："我个人的一小步，是全人类的一大步。"对于一个宇航员来说，这确实是他本人的一小步。他的这一小步，又是整个人类从地球走向月球的一大步。

其实，当时首次登月的太空人有两位，除了阿姆斯特朗，还有一位是奥尔德林。

在庆祝登陆月球成功的时候，一个记者突然问了奥尔德林一个很特别的问题："阿姆斯特朗先下去，成了登陆月球的第一个人，你会不会觉得有点遗憾？"

在全场有点尴尬的注目下，奥尔德林很有风度地回答："各位，千万别忘了，回到地球时，我可是最先出太空舱的。"他环顾四周笑着说："所以我是由别的星球来到地球的第一个人。"

在笑声中，大家对他报以最热烈的掌声。正是奥尔德林的配合，让阿姆斯特朗完成了整个人类的壮举。

同样，在我们的工作中，任何人和部门都离不开团结协作，相互支持。作为一个中层，如果不能清醒地认识到这一点，不能融洽地跟同事相处，得不到他们的全力支持和配合，就不可能有大的发展。

作为中层，要想顺利地完成本部门的工作目标，一定要学会主动去配合其他部门，赢得同事们的尊重和友谊。当同事有困难时，应当热情地帮一把；当同事的部门出了问题时，应当尽力地挽救一下，帮他弥补一下。

管理大师杜拉克说："组织团队的目的，在于促使平凡的人做出不平凡的事。"一个优秀的中层，想要带领自己的团队做出成绩，做出不平凡的事，没有其他同事的帮助和支持是很难的。不懂得合作的中层，如果没有同事愿意帮你、支持你，你的部门就会被孤立，那你又如何做出成绩呢？你只能成为失败者。

在现代社会，同事之间的竞争是不可避免的，甚至有时是很激烈的。怎样站稳脚跟，并且和同样出色的同事合作相处是非常考验一个人的智慧的。同事之间如果配合默契，那么不仅仅对某个部门发展有益，整个企业也会呈现一派和谐的氛围，有利于企业的稳步发展。

## 释放更多的理解和善意，维持好同事间的关系

同事之间的竞争和摩擦有时候是不可避免的，那么到底应该如何相处？是毫无感情、公事公办吗？然而，"百年修得同船渡"，我们中国人是特别讲究缘分、珍惜缘分、善待缘分的。我们跟同事从事共同的事业，也可以说是乘坐在一条船上，这也是一种十分难得的缘分。

来自四面八方的我们，为了事业上的共同目标，相聚在一起，组成了一个紧密联系的团队。在工作中，同事们之间相互帮助，密切配合，才能做出更好的成绩，为企业做出更大的贡献。这种难得的经历和深厚友谊是我们宝贵的人生财富。

同事之间分工有不同，竞争也难免，是一种比较特殊的关系。它不同于父母兄弟之间的血缘关系；又不同于夫妻之间以感情为依托，彼此承担着义务和责任的关系；也不同于朋友之间的友谊。同事之间要想维持良好的关系，需要释放出更多的理解和善意。

其实每个人在内心深处，都有一份渴望，渴望得到别人的理解、认同、善待，渴望和谐的人际关系。同事之间，交往是很频繁密切的，因此，相互之间的人际关系就显得异常重要。

20世纪初，美国人弗兰克·芒西创办了著名的芒西报团。在他的团队里，有一位名叫欧尔曼·雷奇的同事。这位同事的身体有些缺陷——他的右耳在几年前就失聪了。

自从欧尔曼·雷奇的右耳失聪以后，芒西不仅从来没有为他的缺陷笑话过他，而且更加尊重这位同事。

更为难得的是，只要是与欧尔曼·雷奇在一起，无论在房间、写字楼还是在汽车里、大街上，甚至在进餐的时候，芒西都很注意地站在欧尔曼·雷奇正常的那只耳朵的一边。而且芒西做得十分自然，根本没有人注意到他的做法是刻意的，这让雷奇完全没有自己是个残疾人的感觉，非常感动。

后来，欧尔曼·雷奇为了表达他对芒西的深厚友谊和尊重之情，写了《芒西的传奇》一书。

芒西是一个处处善待他人、为他人着想的人，因此，他赢得了同事的友谊和尊重。同事在工作中关系密切，就像同一架车上的战马，同一台机器上的零件。各人拥有各人的位置，各人发挥着不同的作用，如果不合拍，自己的部门工作起来就无法顺畅，个人前途也就暗淡无光。

同事之间相处融洽的好处是显而易见的，大家心情愉快，可以提高工作效率。从时间上看，一个人和同事甚至比和家人相处的时间还长。从个人前途影响来看，众人拾柴火焰高，搞好关系对自己的前途很有好处。

因此，同事在相处的时候，应该本着善意来处理相互间的关系。多照顾别人的感情、情绪，真正地理解和体谅对方。当同事取得成绩时，你应当替他高兴，并送上你真诚的祝贺或鼓励。当同事在工作中不慎失误时，你应该伸出热情的手搀扶一把，帮助他，切忌幸灾乐祸。对于那些需要不同部门之间密切配合的工作，应该相互理解和支持，积极同对方商讨，避免擅自做主。这样，感情就自然而然地建立起来了。

同级之间的工作常常会有交叉，难免会产生一些误解和分歧，有一些磕磕碰碰和摩擦，这需要我们用正确的心态去看待。在具体工作中，因为立场不一样，各部门管理者必然会出现矛盾。比如，生产部门可能从生产的角度看企业的发展，而销售部门则更看重产品在市场上的竞争力，另外还可能牵涉到某些利益上的问题。矛盾是前进的动力，没有矛盾就没有发展，这种矛盾是很正常的，是主管们看问题的视角不同使然。

某知名社会学家和心理学家曾说：如果现在有一位长得国色天香的美女来到我们的面前，任何一个人拿着一只500倍的放大镜来观看这位美女的脸庞，一定都非常失望，因为我们所看到的将是坑坑洼洼、凹凸不平的一张难看的脸。

人无完人，善待同事，其实最重要的是理解、宽容，同时，这最能体现一个人的修养和境界。善待同事，就是当同级管理者在工作中遇到困难的时候，要主动地帮助他排忧解难，在人、财、物等方面给予帮助、支持。对有成绩的同事表示祝贺和赞扬，对正确的看法、意见表示赞同，对不正确的观点或做法提出诚恳的、善意的建议或批评，等等。

善待同事可以防止中层领导间的矛盾进一步加大，可以促进部门之间的团结协作，赢得同事们的支持和肯定，这样自己工作起来才能更顺利，在职场上的前途更光明。

## 别做最招眼的那个，为自己创造安全的发展环境

读过《红楼梦》的人都知道，宝钗因为从来都不会强出头，所以深得老太太和姐妹们的喜欢。而王熙凤则不同，走到哪里都是最拉风的一个，虽然得宠，但是很多人都恨她，和她争风吃醋，她过得并不好受。

每一位管理者也都希望老板能看到自己身上的才华，希望得到老

板的赞许和欣赏，但是你也要顾及一下同事的感受。只要你有才华，有能力，早晚会有机会让你展示出来的。如果你用不适当的方法显露你的锋芒，只会在刺伤别人的同时，也让自己进入绝路。

山东景天堂药业有限公司新引进了一个人才王焕作为广告部的经理，他性格开朗、才华横溢，工作的各个方面都做得非常优秀，但他做事锋芒毕露，不像其他的同事懂得收敛，刚来公司做什么事情都不谦虚。每次在出色地完成一件任务的时候，就到老板面前去"邀功领赏"。慢慢地，其他部门的经理都对他有意见了，认为他这样做变相地打压了他们在老板心目中的地位，而公司老板也觉得他锋芒太露，有一种咄咄逼人的气势，在心中暗暗赞赏他的能力的同时，感到自己在下属面前丢了面子。于是，经常暗示王焕做人做事要收敛一点，但是大大咧咧的王焕整天沉浸在自己的工作成果中，自我欣赏，这让老板感觉很不舒服。与此同时，王焕也成了其他经理经常向老板汇报的人物，当然，不是赞许和表扬，而是说他目中无人等等的"坏话"，渐渐地，王焕不仅成了同事打压的对象，老板对他也越来越不满意，经常让他做一些比较为难的事情，即使任务完成得很出色，也会被无情地贬低价值。不久，王焕就受不了这种气氛辞职，到其他的公司去工作了。

既然同事之间存在竞争，那么就多学一下宝钗做人做事的艺术吧，凡事绝不出头，但是总能把事情做得完美无缺，而且在别人出现困难的时候，也会机智地帮助他，既没有抢别人的风头，还让别人对她心存感激。

而王焕在工作中没有做到韬光养晦，吃到了苦头。不知道你的身边是不是有这样的人，如果有的话，他的结果可能就会和王焕比较类似了。其实，作为一名管理者，更要韬光养晦，绝不炫耀，踏踏实实地做好自己的工作就好了，你做好了别人会看在眼里，并不一定要做最出风头的那一个。

在老板面前，你不要做最招眼的一个，要不张扬地把事情做好，既得到了老板的欣赏，也不会那么引人注意。在同事接受难以完成的任务时，不要袖手旁观，看他的笑话或幸灾乐祸，要及时拉他一把，这种帮忙的事情做多了，就会赢得同事的欢迎，早已见识到你能力的人，是不会在你向老板展示的时候给你坑让你跳的。而且，同事在向老板汇报自己工作成果的时候，可能还会顺带着把你夸奖一番，间接地让老板知道你的能力。

所以，在工作中你可以用宝钗的法子，在做事的时候多为其他同事设身处地地想一想，多帮助一下有困难的同事，与他们建立良好的合作关系。你的同级是和你处于相同职位的人，你们的关系是在竞争中互相合作，在这种合作中，如果你锋芒毕露，必定会受到其他人的联合排挤，如果你韬光养晦，就能在无形之中占据上风。

当你做到了韬光养晦、绝不出风头的时候，你的员工不会看不起你，反而会因为你的默默耕耘而更加支持你的工作。

韬光养晦、绝不出风头是要你适当隐藏自己的光芒，和同事相处的时候要低调处事，但并不说要你软弱，要你在任何时候都忍让，更不是要你在工作中处处"窝囊"，而是要你运用自己的智慧把自己先隐藏在一个不起眼的位置，看准时机，该出手时就出手，让自己的能力使在刀刃上，让自己以智取胜。只有这样你才能得到下属的认同、同级的赞扬、上级的赏识，才能处于不败之地，使自己在公司中坐得更稳。

想一下，在工作中如果有宝钗那样的同事，你会和他有不愉快吗？在他有困难的时候，你会袖手旁观吗？当然不会了！所以，想要比别人做得好，不要急于一时，先韬光养晦，再看准时机出手。那时，你会赢得更彻底！

韬光养晦，绝不出风头，看准时机再出手！会避免你的同事因为你太强了，而把你当成是他的敌人，处处针对你。不做最拔尖的一个，可以为自己制造安全的发展环境。

## 只有大家目标一致时，才会把劲往一处使

阿里巴巴的创始人马云说过："30%的人永远不可能相信你。不要让你的同事为你干活，而让我们的同事为我们的目标干活。"在公司中，你一定会有事情多得忙不过来的时候，这时你是怎样处理的呢？要员工们加班加点，一次两次还行，次数多了，不仅他们心里会很不愿意，身体也会受不了。要让其他部门的同事帮忙，又苦于如何开口，害怕麻烦人家，也害怕人家婉言拒绝，弄得自己很没面子。

在遇到这种问题的时候，你首先要改变思想，不要认为，老板交给你部门的事情就和其他部门毫无关系。你们都是公司的员工，都有为公司出力的义务。你们的共同目标就是保证公司的顺利发展，给公司制造最大的价值。在你手上有很多事情做不完，或者是你的工作需要其他部门的协助才能完成的时候，不要自己死扛着，要让你的同事帮助你完成。这时候，你要让你的同事知道，他们并不是在帮你完成你要完成的任务，而是大家一起为着你们共同的目标工作。公司的老板要的不是你工作的过程，而是结果。你如果完不成工作任务，不管牺牲了多少的私人时间，让员工们加了多少班，在老板眼里都不是理由。所以，你还是聪明地寻求帮助吧。

杨公洲和武磊都是非常优秀的人才，同时到一家公司中去应聘。公司给他们一个星期的试用期，试用期结束之后会只留一个人作为公司的部门经理。进入公司的第一天，

他们就分别接到了不同的任务，并有三个员工辅助他们的工作。这两个任务都非常复杂、烦琐，即使分别有三个员工辅助他们的工作，想在一个星期之内解决也是不可能的事情。但是他们没有选择的余地，只能是硬着头皮开始做。一个星期的时间很快就过去了，杨公洲出色地完成了任务，而武磊虽然人忙得瘦了一圈，可是还有相当一部分任务没有完成。最后的结果很明显：杨公洲顺利地留在了公司。事后，武磊去找杨公洲取经。杨公洲说："我一开始也是带领着那三名员工拼命地做，但是，我发现，公司中另外一些部门有很多人是没有事情做的，于是我就寻求了他们的帮助。"武磊觉得不可思议："你刚到公司，和其他人还不熟悉就要求他们的帮助，他们肯吗？"杨公洲回答说："当然不能指着他们的鼻子说，'你们反正也没事做，过来帮我'。你要让他们知道，你的工作是替公司做的，而不是你的私人工作。他们不是帮你，而是在帮公司。"

是的，就像是杨公洲说的那样，在公司做的工作是为了公司的发展，每一个人都有义务为公司尽一份力。所以你要说服其他的同事认同你们的共同目标，假如说，公司今年要让你们实现比去年多百分之十的增长率，这项工作是要各个部门的共同合作才能完成的，而你的部门工作量比其他部门的要大，你就要让他们知道，如果你的工作没有完成，这个目标就会很难实现，只有你们一起向着这个目标前进才会实现，他们的工作不是给你做的，而是为共同目标而做的。

当然，你在让其他部门的同事认同这个目标之前，首先要让你的员工认同你的想法。你的员工是为你要完成的任务付出最多的一个群体，得不到他们的支持，你的工作便无法正常地开展。不能因为员工对你或工作的偏见，不努力做好自己的本职工作，要让他们知道他们不是在单纯地为你工作，而是在为公司工作。工作好了，得到的奖励是公司给的，工作不好，受到的处罚也是公司给的。

在与你的平级同事或下属沟通的时候，要把各方面的利益都摆在他们的面前，既不能只关心自己或同事的私人利益，不顾下属，也不能一心只为公司着想，不考虑自身。要让他们知道这个"共同目标"是你们的目标和公司的目标合成的，不是单独为某件事或某个人而存在的。

只有在大家有共同的目标时，才会把劲往一处使，互相信任，就不会互相抱怨为对方做了很多额外的事情。在互相帮助和支持的情况下，把公司的工作完成得更好，使自己和公司都获得更多的利益。

同事和你管理着不同的部门，他凭什么要为你干活？记住，你们是在为公司干活，有着共同的奋斗目标。同事会拒绝帮助你，但是不会拒绝帮助公司。

## 适当地说点"场面话"，同事关系更融洽亲密

秋艳和郑晓雯同是一家公司的高级主管，秋艳在同级中特别受欢迎，有些同级还会主动地帮她做一些事情，在她有困难的时候，更是不遗余力地去帮助她。而郑晓雯的情况刚好相反，很少有同级会和她一起做事，甚至中午在公司吃饭的时候也不会叫上她一起，工作上有困难的时候，只有秋艳会偶尔帮助她，其他的同级都是坐视不理，因此，她带领的部门在几次考核中都是最差劲的一个。

于是，郑晓雯决定向秋艳学习一下工作方法。她在暗中

观察了一段时间，发现秋艳并不是她想象中的那么能干，其实知识水平、业务能力都没有她好。秋艳之所以做得好，是因为她擅长和同事搞好关系。在早上上班的时候，秋艳会微笑着和每一个见面的同事打招呼，特别是在和同级见面的时候还会就他们发型、服饰的一些变化说一些赞美的话。在同级的同事取得什么工作成果的时候，她会去祝贺，还会虚心地说："哎呀，你是怎么做到的？以后把方法传授给我吧！"说得同事眉开眼笑，连连点头说好。

正是因为和同级的关系处理好了，秋艳工作起来也游刃有余，不会的就向同级请教，同级会因为她真诚的赞扬，把知道的都告诉她，遇到困难时，她不开口都会有同事让自己部门的员工来帮她一把。

秋艳的"场面话"让她在同级中受到了欢迎，还很好地帮助了她的工作。你也可以像秋艳一样，让自己工作起来更加顺手。其实，在与同级的相处中，适当地说点"场面话"是必要的。如果你是打心眼里佩服你的某个同级，就瞅准机会赞扬他几句，如果你不喜欢某个同级，也不要表现出对他有意见。抓住时机说几句"场面话"，真诚地赞扬一下同级，会使你们的关系变得融洽亲密，工作起来不会有太多的隔阂，而且你说的"场面话"有时会让你得到意想不到的收获。

说"场面话"，不会让你失去什么，既不需要你刻意地准备，也不需要你花费金钱，你在用这些话给同事一些温暖的同时，能换回一些潜在的认同。这些认同会拉近你和同级的关系，给你制造更顺利、更轻松的工作氛围，让你更好地开展工作。对好相处的同级说好"场面话"，会让你们的关系更加亲密，对不好相处的同级说好"场面话"，会让他们觉得你并不难相处。

有时候说"场面话"是为了避免尴尬的局面，这时，你就要有所保留。比如，你的同级接受了很困难的任务，找你来诉苦。你这时候可以安慰他："不要太为工作发愁了，你要是实在完成不了，而我的工作又做得差不多了，我就帮你做。"但是你不能很肯定地说："我一定会帮你的，你放心！"在同级要求你帮助的时候，如果你自己的工作还没有做完，你就会左右为难，不去就违背了自己的承诺，去就耽误了自己的工作，让你陷入麻烦，而且还会让你的同级觉得你是出尔反尔的人，不利于以后工作中的合作。

当你到同级的部门中谈工作的时候，如果发现他的员工工作起来很认真或很热情地招待你，你可以把你的同级夸奖一番："你培养的员工就是好，这也是你工作效率高的秘密吧？"听到这样的话，你的同级肯定会高兴的，你们谈起工作来也会更加顺利。

"场面话"最好要在人多的场合说，人越多，你对同级说的"场面话"就会让他越有面子，起到的作用也会更大。但是，你不能把赞扬的话说得太过头了，否则就变质成了"拍马屁"。这既会让同级觉得你是在说假话，产生厌恶的感觉，也会让外人看不起你。而且，还会让你和你的同级在无形中产生地位上的差别，不仅不会起到拉近关系的目的，还会让你们更加疏远。

当然，"场面话"不是只能在工作的时候说，还可以在工作以外的时间说。比如，周末的时候，你在公园里看到同级同事领着女儿在散步，你就可以上前和他打招呼说上几句，不要忘了也和他的女儿说几句话，在临走的时候，把他的女儿夸奖一番，说他女儿漂亮或者是夸他教女有方等。只要是真诚的赞美，都会让你的同级高兴一番。说不定在第二天上班的时候，你就会感受到那位同级和你变得亲近起来。

俗语说："好汉出在嘴上。"不要认为说"场面话"是虚伪，真诚的赞扬会让你得到一个好人缘。假如你在与同级的相处中运用好了"场面话"，明天出现意外的收获时，就不用特别惊讶了。

坤福之道

和同事拉近关系不仅会缓和你们之间的竞争，还会增进你们之间的感情。"场面话"是既简单又有效的方式，送同事一点小人情，你得到的将会更多。

 **该回避的时候就回避，弱化同事之间的隔阂**

在同一件事情上，不同的人会有不同的看法，处理的方式也不尽相同，所以作为同时为公司服务的管理者，在处理工作的时候出现意见、分歧和矛盾的情况就会比较多，遇到这种情况你是如何解决的呢？

公司把一个大型的项目交给了冯东和陈猛，他们都是公司的中层经理，都在自己的岗位上做出了一定的成绩。但是，两人的做事方法很不一样，一个风风火火，一个稳拿稳放，双方谁都不服谁，谁都认为自己的方法是正确的，而且两人之间还有很深的误会，水火不容。公司做出这样的决定也是迫于无奈，其他部门的人都有各自的任务，只有他们俩的部门相对清闲。

一开始，俩人还硬着头皮合作，几天下来双方在执行项目各个部分的顺序上出现了严重的分歧，双方都各有各的理由，都有一定的道理，但就是谁也不让谁，员工们也不知道到底是听谁的指挥好，致使这个项目搁置下来。随后，冯东找到了公司老板，要求退出这个项目，让其他部门的经理和陈猛合作。他和老板说："我和陈猛的工作方式有很大的冲突，我看还是让其他同事代替我做那个项目吧，不能因为我们俩的矛盾，耽误了整个工作的进程。"老板答应了他的请求，让他去负责其他的任务。没有了冲突，那个项目很快就圆满完成了。

冯东在处理和陈猛的矛盾时，就采取了回避的方式，虽然在有的人看来这是一种退缩的解决方式，但是如果他们继续争论下去的话，只会让矛盾加深，不仅会破坏以前共处的局面，还会耽误公司任务的完成。

同级之间在工作上产生分歧、出现矛盾是经常会发生的事情，如果通过双方自己的调解或者其他同事的劝服，能使双方达成一致的意见固然是好的，但是在问题比较严重的情况下，就像冯东和陈猛的矛盾一样一时无法解决时，采取的最好方式就是回避。在这里要说明的一点是，回避并不是逃避，而是为了防止矛盾再次激化，隔阂不再加深。给各自留出一点思考的空间，往往就会产生自然化解的结果。也只有回避才会避免正面冲突，使大事化了，小事化无。

回避的时候，你要全身心地投入其他的工作之中，不要再干预回避的工作。如果你时不时地还要去关心，就会使你分心，既做不好本职工作，也背上了管闲事的"罪名"。在回避的任务完成的时候，你也可能很出色地完成了另外的工作，这时你和同级以前的分歧、矛盾就显得微不足道了，随着时间的推移矛盾自然会消逝。

回避是在不得已的情况下采取的措施，最好不要随便对你的平级同事采取这样的方式。如果你对任何解决不了的事情都采取这样的态度，不但会使你的能力得不到很好的表现，还会让同事觉得你对工作不屑一顾，或者使他们对你有成见，认为你是故意不和他们合作，这样不但不会缓解你们之间的矛盾，还会进一步激化矛盾，加深隔阂。而且你长时间采取这种方式，你的上司也会对你产生怀疑，认为你是在逃避责任。

在你回避一位同级的同事时，工作中不要有什么和平时不一样的举动，你们之间只是有矛盾和隔阂而已，不是仇人，而且这些矛盾和隔阂是有关工作的，不要表现在平时的交往之中。你回避的只是他参与的某件工作或是他的某个想法，而不是他的人。不要在见面的时候对他视而不见，好像真的有什么深仇大恨，要用一颗平常心去对待你的同级和他的工作。

因此，在采取回避方式的时候要把握好度，更要注意自己的言行举止，只有这样，才能发挥出回避的作用，让你和同事的关系更加和谐，也保证工作的顺利进行。

要切记，在与同事有隔阂时，不要总是争强好胜，该回避的时候就回避，这不是懦夫样的逃避，而是为了使你们之间的隔阂减弱，改善你们的关系。

## 真诚巧妙地与同事交流，远近适当亲疏有度

你今天说你对公司的待遇或工作环境不满意，想过一段时间换一个新的环境，也许明天你在什么都不知道的情况下，就发现解雇书放在你的办公桌上了。这不是开玩笑，工作中如果不小心，真的会发生这种事。

与平级同事在一起时间久了，难免会谈论一些话题，话题的范围可能会比较广泛，会涉及彼此的家庭、生活、情感，当然，最有可能涉及的是各自对工作、公司、同事甚至是老板的看法。你在与同事交谈的时候，一定要注意谈话的内容，涉及关乎你工作利益的问题时，最好不要轻易地告诉同事你真实的想法，因为把真实的想法和盘托出，很容易就会让你跌入陷阱。在公司中与平级的同事竞争最大，所以，在与他们交流的时候，最好就事论事，不要口无遮拦，说出与不利于工作开展的评论等。

　　山东环创传媒有限公司新招聘了两名销售经理——韩光和姜扬生。由于两人是同时进公司的，所以他们相处得很好，经常在一块喝酒聊天什么的，有时还会带着家人到对方的家中做客。韩光的年纪比姜扬生大些，但是姜扬生比韩光有学

识、有经验。因此，韩光觉得自己处处不如姜扬生，生怕公司会把他辞退。姜扬生也有自己的难处，他的家庭条件不太好，上下一家老小都是他在养活。为这事，姜扬生经常向韩光倾诉，时间长了，两个人到了无话不谈的程度。

因为发生了经济危机，公司决定给中层经理减薪，还准备在中层也采取裁员的措施。他们知道这个消息以后，就在私底下讨论起来。姜扬生说："哎！怎么会给我们减薪呢，要减也是减员工的呀。我还有一家老小要养活呢！你说，别的公司也是这样吗？都有要跳槽的念头了。"韩光只是附和着说："是啊，是啊，这点不好。"几天后，公司果真决定裁员，名单上赫然显示着姜扬生的名字，他伤心地离开了公司。几年后，姜扬生碰到了以前公司的同事，同事告诉他，就是他和韩光说的那番话害了他，那时候人人都在自保，他正好让韩光抓到了把柄。

姜扬生犯的错误是不是给你上了一课？当你敞开心扉和同事交流的时候，难免会说出工作中的一些不顺心，这些不顺心往往就是对公司及同事的一些负面看法。每一个人都有自私的一面，当你的不顺心可以成为他前进的垫脚石时，他就会牺牲你，保全自己的利益。因此，不要轻易把心掏给别人看，尤其是与你有竞争关系的平级同事。与其在事后发现自己被人利用，还不如早点自己告诫自己，理性机智地和同事交流。

但是，并不是说在平级的同事与你交流的时候，你就避而不答，而是要选择性地去和他交流，不要轻易地和他们交心谈话。在谈论与工作无关的事情的时候，你多说一点交心的话无所谓，因为这一般不会影响到你的工作，还会增加你们之间的友谊。但是，谈论工作上的事情，你要知道自己该说什么，不该说什么，哪些事情是可以让他知道的，哪些是不能让他知道的。假如你让他知道了你和上司有私交或者你是靠老板的背景进公司的，他会怎样看你呢？他不会羡慕你，只会因此看低你的能力。

在与平级同事的交流中，你还要具有敏锐的洞察力，要懂得察言观色，分析一下同事问你问题是单纯的问问而已，还是另有目的。如果是另有目的，你就要把握自己的说话方式和内容了，不能自己想的是什么就告诉他什么。交流的内容，不要过多涉及其他同事或上司的是是非非。在工作中，出于很多的原因，你不可能对所有的同事都满意，认为老板的每一个决策都是对的，而这种是是非非是最关乎你利益的，把握不好这个问题的处理原则，最有可能让平级同事在与你的竞争中抓住你的小辫子。无论你的能力有多强，只要老板知道了你的真实想法，就会把你定位在"人品有问题"上，这时候你的能力在老板眼中就变得不重要了。

总体上来说，你和平级的同事交心是一把双刃剑，在你掌握好了方法的时候，它就会帮你和同事和睦相处，会让你多一位好朋友和你一起分担生活和工作中的困惑，使工作更加顺心。若你掌握不好交心的方法，把与自己切身利益相关的想法或者对公司的抱怨说给同级听的时候，你很可能就会因为这次交心的谈话丧失自己的前程。

所以，中层管理者一定要谨记，与平级同事一定要远近适当，亲疏有度。

你与平级同事的地位一样，面临的机会也很相似，所以，你们之间在某些方面会存在着很大的利益冲突，比如，职位的晋升。轻易地告诉同事你内心的真实想法，会让他在竞争中抓住你的弱点，削弱你的竞争优势。

# 根据自己的切身利益，慎重考虑找准立场

江益康的公司老板决定从几名中层经理中选拔一位副总，销售部和人事部经理是两位候选人，他们都在公司工作了很多年，对公司做出了很多贡献，也有胜任副总工作的能力和丰富经验。公司是通过投票的方式决定谁当选，所以，在选拔信息公布了之后，俩人便开始在公司中明里暗里地各自拉选票。江益康是刚刚到公司上班的新人，是负责项目研究的经理。销售部和人事部两位经理都来和他谈过自己的竞争优势，还有当选之后要如何对他等一系列有关投票的事情。

由于对公司人事方面还不是很熟悉，聪明的江益康并没有表明自己的立场，而是对他们说："对不起，我刚到公司，通过其他同事的介绍，我知道你们都是前辈，都有胜任副总的能力，但是，投票的工作即将展开，我不可能对你们都有一个非常全面的了解，如果只凭我的表面印象就对你们下结论，无论对你们哪一个都是不公平的，为了对你们负责，也对公司负责，我决定向老板申请弃权，希望两位能体谅我的处境。"两位经理也是明事理的人，觉得他说的很有道理，就没有再对他"纠缠"。

在这种情况下，江益康只能坚持自己的立场，因为他是新员工，不像老员工那样在平时的工作中就已经表明自己的立场了，两位中层都想利用这一点来拉拢他，壮大自己的"实力"。如果江益康这时候没有保持自己的立场，而是随意地选择一位，无论是他选择的当选了还是没当选，都会让他在以后的工作中很难做事。

类似于江益康的情况，在公司中是经常会遇到的，这时你要特别

小心处理，处理不当往往就会被人利用，被别人当枪使。这在同级中发生的概率比较大，因为你与同级的竞争是最大的。如果碰到这种事情，你一定要有自己的立场，否则你很有可能会被人利用，在公司中"生存"不下去。

在面临激烈市场竞争的公司中，同级之间的竞争也更加激烈，你和他们表面上可能相处得很好，而实际上却不是你想象的那样美好。可能会有人在想方设法让你在工作中出错，好让自己在老板面前有机可乘，受到老板的表扬和赏识。也可能有人会嫉妒那些在公司中表现比较优秀的同事，想联合你在他们背后做一些有损他们利益的事情，其实是陷你于不义。

遇到这种类似情况的时候，你可以适当地拒绝。在有人问你的工作情况的时候，把大体上的情况和他说一下就可以了，不要详详细细地把每一个细节都告诉他，这样既让你回答了他的问题，也避免跳进对方可能为你设计的陷阱。在有人想要联合你去打压另外一位同事的时候，最好是拒绝他，即使那位同事没有要利用你的意思，这样做也是不合情理的，而如果他是在为你设计陷阱，你的拒绝就帮你逃过了一劫。

在关乎多方利益的问题出现的时候，要避免得罪各方同事，最好是保持中立的态度。比如，有几位平级的同事出于某种原因发生争执，闹得不可开交，成为公司的焦点，这时，肯定会有人过来问这问那，想知道你对此事的看法，这就需要你在平日里尽量减少与他们的联系，把联系的工作交给秘书。这样即使有人向你问一些问题，你大可以用"不清楚"来回答，避免了不必要的麻烦。

别人能利用你，是因为他看清了你的"弱点"。比如，他知道你有见义勇为的性格，就会告诉你他是如何受了其他同事的欺负。因此，一定要清楚自己的弱点，在有问题涉及你的弱点的时候，要格外小心，三思而后行。如果这时候你控制不住自己，你很有可能就替别人说出了他不想说的得罪人的话，让自己替别人背起黑锅。

在工作中学会藏锋也是避免同级想把你当枪使的方法之一。同级的同事往往会因为你锋芒毕露，觉得你对他产生了威胁而采取一些对你不利的行动，有的可能会表现得很直接，对你的一些行为表示不满，但是有的却会利用相反的方式，表面上对你好，实际上是制造陷阱让你跳。

因此，中层们一定注意了，遇事的时候要冷静，要学会拒绝，学会藏锋，在不好表明态度的时候，保持中立。但是，不要做两面派，两面派更会得到同事的排挤，在竞争中最容易受到伤害，要根据自己的切身利益慎重考虑，找准自己的立场，并且坚持它。只有这样，你才能在职场中站稳脚步。

在公司中生存下去，就要保持自己的立场，左移右摆，立场不坚定，很容易会让同事不满，成为他达到目的的牺牲品。学会拒绝，学会藏锋，才是你的生存之道。

## 同事之间不需要大动干戈，得理不妨让三分

对于企业的中层来说，人际关系的维系是非常重要的，这直接关系到工作和晋升问题。虽然人和人相处总会有摩擦，但一定要理性处理。

我们都知道"将相和"的故事：战国时，蔺相如因完璧归赵和渑池会上的表现而封了大官，却被老将廉颇忌妒。廉颇认为自己劳苦功高，对此不服，而屡次故意挑衅说："以后我见了他，让他下不了台。"蔺相如以国家大事为重，请病假不上朝，尽量不与他相见，在街上遇见了还主动退让。后来廉颇终于顿悟，向蔺相如负荆请罪，将相和，赵国兴旺。

俗话说，有理走遍天下，无理寸步难行。讲理是天经地义的事情，

道理在谁的手中，谁就底气十足，得道多助；而没理的一方，则会失道寡助，很难得到大家的认同。那么，如果你跟你的平级同事发生了不愉快，你是对的，对方是错的，"理"的确握在你手中了，你会如何？是得理不饶人，还是有理也会让三分呢？

同级之间各自带领自己的部门工作，自己的部门跟其他部门既有合作又有竞争。因此，同级之间产生分歧、出现矛盾是经常会发生的事情。如果通过双方自己的调解或者其他同事的劝服，能化解矛盾固然是好，但是如果明明道理在自己这边，对方却是"死不悔改"，不肯认错又怎么办呢？

其实，即使道理在自己手里，也不要得理不让人，甚至是为了一点鸡毛蒜皮的小事非要分出个胜负来，结果矛盾越闹越大，事情越搞越僵。在工作中，我们几乎天天需要跟其他部门的同事们相处、共事，天天都会遇到新情况，也不可能事事顺心，如果因为自己"有理"而整日抓住别人的小辫子不放，弄得"敌人"一大堆，对自己的工作和前途又有何益呢？

山东朱氏药业集团物流有限公司把一个大型的项目交给了金乔和魏宏，他们都是公司的中层经理，手下也都是精兵强将，他们各自把本部门的工作搞得有声有色，成绩出彩。两人的性格很不一样，负责销售部门的金乔风风火火，激情四射；而负责生产部的魏宏则干什么都不紧不慢，喜欢稳扎稳打。

接到新项目之后，两人开始了合作。金乔的团队很快就做出了成绩，接到一个大单，正当他兴冲冲地安排仓库出货时，却被告知生产部门还没有安排生产该产品。这一下，金乔生气了，他认为自己是占理的一方，就去质问魏宏为什么不安排生产。

没想到魏宏也有自己的理由，说是设计部门要求他们优先试产一批新产品，所以金乔要的产品被安排在下一周生产。双方谁都不服谁，谁都认为自己的方法是正确的，闹到了总经理面前。

在总经理的要求下，两人只好硬着头皮合作下去。但是几天下来双方总觉得别扭，原先总觉得自己有理而寸步不让的金乔感觉这样对自己的工作一点好处都没有。于是，他决定自己退一步，他主动找到了魏宏，跟对方说："虽然按照公司规定，你应该先安排生产销售部出的订单，不过你是因为公司的新产品才耽误了，是为了公司的大局着想。是我脾气太着急了，你别放在心上。"

这一下，本来就理亏的魏宏觉得不好意思了。他说："这事儿说起来也是我工作失误，一开始没跟你沟通，不知道你要急着发货。这样吧，我安排调整一下生产计划，加几天班，给你把产品赶出来。"

就这样，金乔跟魏宏和好如初，订单也按时完成，两人同时得到总经理的奖励。

金乔在处理和魏宏的矛盾时，就采取了"得理也饶人"的方式，退一步海阔天空，这一大度的做法赢得了魏宏的支持，结果魏宏领着工人加班加点按时完成了生产任务，很好地支持了销售部的工作。

在工作中，中层领导的主要目的是把工作做好，把本部门的任务完成好，而不是争一时之气，一定要让其他部门的同事服气。即使你是有理的，讲理你也赢了，但是这样的争论有什么意义呢？咄咄逼人只会让矛盾加深，不仅会失去好人缘，还会耽误部门任务的完成。

因此，在工作中，跟同事相处，有理也应该学会让人。特别在一些非重大问题上，没有必要弄得那么清楚明白，非要分出谁对谁错来。这时应该可以试试"难得糊涂"的心态，糊涂一下，得理也要让三分，用宽容之心待人。

即使是在比较严重的问题上，也尽量用委婉一些的方式跟对方沟通，以防止矛盾再次激化，隔阂继续加深。得理也要饶人，退让并不是逃避，批评也要能让人接受，这样才能达到一种大事化小、小事化无的效果。

对于企业的中层来说，人际关系的维系是非常重要的，这直接关系到工作和晋升问题。虽然人和人相处总会有摩擦，但是切记要理性处理，即使道理在自己这边，也不要盛气凌人，非得争个你死我活才肯放手。不然，就算你赢了，大家也会觉得你不给他人留面子，没有容人之量。争了一时之气而失去大家的认可，那可真是得不偿失了。

有理也要让三分，有话一定要好好说，切忌把与同事沟通当成辩论比赛。而且，同事本来并不在你直接领导之下，要求对方配合一定要以友善、和气的态度为前提。那些得理不饶人、太爱较真的人，其实只是做了一件把小分歧变成大冲突的傻事。同事之间不需要大动干戈，有理也能让三分的肚量，只会让你得道多助，让你在今后的职场中有更光明的前途，所以，让三分，不吃亏。

# 第十章　顺利晋升：突破限制，完成中层到高层的蜕变

　　任何中层领导都渴望升职与加薪。事实上，有一些基本条件是获得升职和加薪所必备的。所谓基本条件，也就是你本身要事先做好的事情，这是你获得升职和加薪的基础。有这个基础的话，还要学会用智慧去解决问题，这样的中层才会得到老板的青睐，步入高层。

## 以老板的心态要求自己，距离高层又进了一步

作为企业的中层管理者，在日常工作中，是否以老板的心态来看待问题和处理问题至关重要。因为只有像老板一样思考问题才能真正对企业产生认同感，才能更好地揣摩理解老板的初衷，从而更出色地执行老板下达的任务。只有这样，才更有可能让老板反过来首肯你的工作能力，认可你的价值以及你对企业的贡献。最重要的是，对老板思维的效仿，使你已经充分学习到了相关的管理经验，为你自己将来也能够成为老板打下坚实的基础。

严海是一家餐饮企业的老板，身家将近十亿。看到他现在的光鲜，甚少有人能够想到，这位业界赫赫有名的大老板竟然是做服务员起家的。"无论给哪个老板工作，都要把工作当成自己的事情来做。"这是他最喜欢说的话。他从一个小饭馆的服务员一步步做到今天的位置也确实同这句话关系密切。那个时候，像其他刚出来工作的年轻人一样，他也是天天混日子，然后到月底拿一份微薄的固定工资。有一次，他犯了很大的一个错误，大概就是在工作中跟同事意见不合，当着客人的面大打出手……

为了保住工作，他绞尽脑汁想办法弥补。首先他便想到了向老板道歉，争取老板的谅解。他细细揣摩了老板的心思，深思熟虑后主动找老板承认了错误。这件事情发生过后，他突然觉得以前的生活毫无意义。在进一步熟悉公司的经营流程后，他开始细细揣摩老板的心思。每当老板做新的决定，他都要仔细分析这个决定的意义，时间长了他也能够分析出老板决定的利弊。就这样，他从服务员做到领班到主管再到总经理，最后自己创业当老板。

严海之所以能够从服务员走到今天的地位，就是因为他有一个良好的心态，以老板的心态去做事，使得他很喜欢自己的工作，并且让他在工作中得到了很好的锻炼。

一个好的员工，会努力地把企业当成自己的家，他会有意识地在工作中讲究效率，努力地提高自己的工作能力，以取得更好的工作效绩。一个员工尚且如此，作为中层管理者更应该做到这些。这样，当你对企业的贡献越来越大的时候，老板便会认可你的贡献。哪怕老板一时没有注意到你的努力，你也不要灰心丧气，有的时候你需要的只是坚持。当你以老板的心态来工作的时候，你不仅让自己在工作中得到了锻炼，也可以帮助你从一个策略实施者变成一个策略制定者，这将会是你人生中一笔很大的财富。

戚卫大学毕业后，凭借自己的实力进入了一家大的房地产公司。刚开始的时候，他也是从最基层的售楼先生做起。经过几年的努力，戚卫的工作能力得到了很大锻炼，他被提升到了业务主管的位置。戚卫对待工作极为认真负责，他说："我把公司当成我的家，我所做的事情都是为了让我的家变得更好，我不敢不努力工作，因为我担心我的家会失去现在的和谐与美好，那不是我想看到的状况。"

又经过两年，戚卫已经成为项目经理，能够独自负责大型项目，每一次他都完成得很出色。对于他的表现，老板赞不绝口。就在这时，副总经理辞职了，戚卫因为其出色表现自然被提升为副总。面对众人的不解、不服，老板说："之所以任命戚卫并不是因为他的能力是你们中最好的，而是他把这里当成自己的家，我相信一个能把公司当成家的人，更适合副总经理的职位。"

如果你只是为了拿薪水而工作，在平时的工作中得过且过，在工作的时候不认真负责，对企业的发展和命运不闻不问，那么你将永远也不会被别人所认同，更不会得到老板的赏识。这样的你，不管到哪里都只会是一个打工者，不会有什么出头之日。相反，如果你能够把企业当成是你自己的，为了自己事业的发展，你也会更加努力地做好自己的工作。例子中戚卫就是这样，他把公司当成了自己的家，为了让自己的家变得更美好，他对自己的工作认真负责，最终也取得了公司领导的认可，成为公司的副总经理。其实，戚卫的成功就是因为他在工作的时候有着老板的心态，也是因为这一点他才能够获得老板的认可。

那么，拥有老板的心态具体应该如何做呢？

首先，拥有老板的心态，要把企业看成是自己的企业，这样才会更加认真负责地对待工作；其次，要有着主动的心态，对待每一项工作都要积极主动地去完成，不要居功自傲，这样才能够为企业的进步而不断地努力；再次，就是要有吃苦的精神，要把企业的事情放在心上，敢于为企业做出某些牺牲；最后，就是要有学习的精神，要保持谦虚好学的态度，不要把自己看得比别人高一等，要保持谦虚谨慎的态度做事。

如果你现在还是一个打工者心态，那么就尝试着改变一下，用老板的心态去工作。把两种心态下工作的效果做一个对比，你会惊讶地发现：原来我可以做得更好！

有雇佣思想的中层总是觉得自己是在为别人工作，拿应得的报酬。这样的思想会使你无法做到超越自己，永远都不会获得成功。有老板的心态，把公司看成是自己的，才会使你能用心去经营自己的工作，做到了这一点，你离高层的距离就又进了一步。

## 助人等于助己，在帮助员工的同时也帮助了自己

作为一个中层管理者，要想让自己在事业的道路上能够走得更远，

就必须学会帮助你的下属。一个人纵然有再大的能力也难以独自将所有工作轻松完成，只有帮助下属不断进步，才能在宏观上更好地提升团队的战斗力。同时，也可以让自己获得下属的拥戴，使自己得到晋升的机会。所谓"一个篱笆三个桩，一个好汉三个帮"，说的也就是这个道理。

中层管理者的一个重要工作就是带好自己的团队。当这个团队没能够出色完成工作时，管理者难辞其咎，因为他没有统筹安排好自己的团队工作，没能将团队的最大优势发挥出来。一个好的管理者应该明白自己的利益和团队的利益是紧密相关的，如果一个管理者只顾着自己的事业能否成功，而对下属员工的工作成败缺乏必要的关心，那么这个管理者就不是一个好的管理者，起码不能称得上一个合格的管理者。

有的管理者不愿去帮助下属，害怕自己下属的光芒会遮盖住自己，从而威胁到自己的地位。其实，这样的想法是非常片面自私的。下属的工作做得好，光荣的帽子最终还是会戴到管理者的身上，而且下属作为工作任务的执行者，如果他们的工作没有做好，任务没有完成，那么你在上司面前肯定会脸面无光的。有一句话叫：不是学生学不会，而是老师不会教。其实道理是相通的，下属的工作水平和工作能力直接反映他的直属领导的工作水平和工作能力。

国内某知名公司打算开拓日本和韩国的市场，于是公司派鲁韦去负责韩国的业务，派了马戎去负责日本的业务。因为两人在个人工作能力上稍有差别，马戎的工作能力相对鲁韦来说更胜一筹，所以公司的高层领导都把重点放在对日本市场的筹划上，他们都认为按照马戎的工作能力，应该很容易开拓日本市场，韩国的市场开拓起来可能会稍微慢一些。当然，这些都只是猜测，所以，公司对于二人如何展开工作并没有进行过多干预，只是按期考察他们的工作情况、听取汇报，并且给出适当的建议或者指导，这些都是很日常的工作。

转眼大半年的时间已经过去，鲁韦和马戎分别向公司汇报了各自在日、韩的业务开展状况。结果与公司领导的猜测恰恰相反，经过了几个月努力，鲁韦打开了韩国的市场，而马戎在日本的业务的进展却举步维艰。公司对这种现象感到不解，于是就派人分别到韩国和日本进行调查，分析出现这种情况的原因。

经过一番调查，总公司才明白其中的原因。虽然鲁韦的工作经验和工作能力跟马戎有一定的差距，但是，鲁韦能够把自己学到的知识与员工进行交流，大大提高了下属业务员的素质。他们总是会高效率、高质量地完成任务，业务自然能够顺利展开。而马戎却只懂得自己埋头苦干，跟员工之间缺乏沟通，导致员工的工作积极性不高，业务也很难展开。

后来，鲁韦升任公司的海外总负责人，负责所有海外业务，而马戎则被调回国。

"尺有所短，寸有所长"，每个人都有自己的优点和缺点，作为管理者，要懂得去欣赏自己的下属，同时关注和了解他们的优缺点，鼓励他们去发挥自己的优点，并要很好地利用团队的"互补"精神，弥补他们的缺点。在上面的例子中，鲁韦的能力虽然不如马戎，但是他发挥了团队的集体力量，这个力量远远大于马戎的个人能量，因此鲁韦取得了较好的成绩，而马戎却因业务迟迟无法展开，而被调回了国内。

一个好的管理者，应该不存私心地帮助自己的员工。助人就等于助己，在帮助员工的同时，管理者也帮助了自己。这不仅仅体现在工作水平和工作能力上，更多的是在员工的共同努力下会获得比其他同事更多的成就。而这样也更容易被上级领导注意到，可以在关键时刻为自己增加很多的升职资本。

那么，我们应该怎样做，才能够对员工有所帮助呢？

第一，充分发掘每一个员工的长处。对员工要能够做到言传身教，要习惯与下属分享自己的经验和知识，并要对员工的不足之处加以教导。作为公司的中坚力量，中层管理者要牢记：帮助下属成长和发展就是在帮助自己成功。

第二，对员工的思想行为进行指导。要学会观察，要了解下属的个性特征以及能力，充分尊重自己的每一位员工，激励他们充分发挥工作积极性和工作能力，提高团队的业绩。

第三，对员工的能力给以充分肯定。"士为知己者死，女为悦己者容"，每个人都希望得到别人的肯定，下属们也不例外。所以，我们要帮助下属成长和发展，要学会对下属进行激励，并且为他们取得的进步和成功而骄傲。

第四，要关注员工的成长和发展。要经常对下属的工作进行监督，帮助他们纠正工作中出现的错误，帮助他们总结工作中的经验与教训，减少他们走弯路的可能性。

坤 福 之 道

只顾自己的发展和成长，对员工是不是在进步毫不关心，对你一点好处也没有。因为你的很多工作是需要交给他们完成的，他们完成得不好，你的任务也就不能完成，只有他们做好了，你的工作才会做好。帮助下属成功的中层，自己才会获得成功。

## 仅有埋头苦干还不够，要学会用智慧解决问题

现代社会，管理者在工作的时候，不能只会在岗位上埋头苦干，还需要发挥你的聪明才智去解决一些问题。在现代企业中，只会勤

勤恳恳干活的"老黄牛"已经不符合社会的需要了，现在社会需要的是那些既能够能刻苦工作，又能够熟练解决某些特殊事件的应变之士。

汤华在一家国企中工作已经有二十多年了，现在在这家企业中担任部门主管。最近，有一件事让汤华感到很不舒服：部门经理突然跳槽了，上级领导想要在下面的管理者中选取一名人员接任这个职位，出乎意料的是：这个职位最后由刚来企业没几年的小王接任了。汤华对于此事感到很生气，向很多人抱怨。

企业的副总经理听说这件事后，就把汤华找了过来。副总经理对汤华说："我们就先谈谈你们的工作吧，自从小王来了之后，他的工作做得很好，不仅对企业的生产方面提出了很多宝贵的建议，还给予了很多员工很大的帮助，这才是我们决定提拔他为部门经理的主要原因。当然，汤华你在工作的时候也是勤勤恳恳、踏实努力的，不过你在这个主管的位子上干了那么多年，虽然没出什么差错，但是也没有什么突出的贡献吧。而经理这个职位需要的是能够给整个企业带来发展的人，这个职位需要的不是只会埋头苦干的人，而是会用自己的智慧解决问题和帮助别人的人。"一席话说得汤华羞愧难当。

汤华回去后，认真地总结了一下这二十多年的工作经验，然后开始在工作的时候改变自己的工作思路，在努力提高自己工作能力的同时，还在业余时间努力学习一些知识。后来汤华经过自己不断的学习和改变，终于也被提升为一名经理。

在很多企业中，一些管理者在自己的职位上勤勤恳恳、埋头苦干了一辈子，可是一直干到退休离职都没有获得过领导的赏识，也没能够在事业上更进一步。这种遭遇或许会有人为之鸣冤不平，但是归根结底，却是因为他们在工作的时候只知道埋头苦干，却不懂得发挥自己的智慧来帮助上层领导解决一些力所能及的问题，更不懂得去寻找一些"捷径"让自己在事业的道路上能够走得更远。在竞争越来越激烈的市场环境下，只知道埋头"蛮"干的"老黄牛"们，在工作的时候往往累得够呛，却没有获得与付出的努力相对应的成果。

作为一个中层管理者，只会蛮干，往往会使事情向自己意想不到的方向发展。有的时候，由于业务繁忙，领导可能会给你委派一些难以完成的任务，下属也会因为问题难以解决而向你请教。如果不能运用自己的智慧找到更加可行的办法，就会让事情迟迟无法解决，从而导致工作越积越多。

作为一个中层管理者，要想得到上层的赏识，就要不仅会流汗，还要会学着"流"出你的智慧。只会流汗的中层注定只会像"老黄牛"一样默默无闻、备受冷落，无法走进上层的眼中。上层赏识的永远都是那些既能够辛勤努力工作，又能够散发智慧光芒的人才。

唐开山是山东朱氏置业有限公司的项目经理。最近唐开山负责了一项较为重要的任务，这个项目的利润空间非常大。这个项目主要是对新建小区的屋顶进行绿化，工期紧，工程量大。因为屋顶绿化是公司最新增开的项目，公司对于屋顶绿化方面也缺乏足够的经验，所以在策划这个项目的时候就存在着严重的问题。眼看离小区的竣工时间越来越近，公司领导也很为这件事担忧。

最后唐开山提出建议：主动联系本市从事屋顶绿化项目的企业，请他们一起来完成一个工程。这样既能够加快项目完成进度，又可以趁机学习到别的公司在屋顶绿化方面的经验，虽然利润会被分拨，但在这个时候也不失为一个好办法。领导听了这个建议之后，觉得有道理，就按照他的建议去做，并且取得了非常好的效果。最重要的是，公司也学到了屋顶绿化方面的一些技巧和经验。

在项目完成后，唐开山也很快得到提升。

一个好的中层领导，必然会在公司遇到困难的时候挺身而出，主动为上司排忧解难。此时，你的智慧将给公司决策层留下深刻的印象，也为自己的职业发展提供最完美的助推剂。关键时候的一个建议，其效力可能远超你多年的勤勉工作。

当然，运用智慧可以让你给上层留下深刻的印象，但是想要获得最后的成功还需要你不断地努力和坚持。运用智慧只是让你在工作的时候事半功倍，减轻你的工作负担，但是不会让你的工作任务有所减少。一个能够运用智慧的中层管理者通过勤奋的工作往往会获得成功，而只知道工作的"老黄牛"或者只靠耍一些小聪明而不努力工作的人只会在真面目被别人看透之后彻底被边缘化。

工作的时候像个老黄牛，就像是学习知识的时候只知道死记硬背，累得够呛，还看不到多少成果。运用自己的智慧，用技巧来完成某项工作，不但会达到事半功倍的效果，还会得到上级的赏识，为你的升职奠定基础。

## 只要你积极主动一点，身上的光芒自会被看到

如果你在公司中还没有把你的才能完全展示给领导看，那么就不要坐等时机浪费你的才能了，要主动地向老板毛遂自荐。这种方式可

以直接让老板知道你的才能和你想做的工作。即使一开始会对你能不能完成任务产生一定的疑问，但在你出色地完成任务时，他便确定了你的才能，会对你倍加欣赏，对你的能力表示赞同和信任，也会给你更多重要的任务。那么你出头之日还会远吗？

或许，有的中层会认为，自己向老板展示自己的才能，会有夸耀之嫌，会让同事和老板对他产生反感。事实并不是这样，坦率诚实地展示自己的技能和优点，说明你对自己有一个清醒的认识，不但不会让你的同事和老板反感，反而会让他们佩服你敢于挑战的勇气。假如因为你的毛遂自荐解决了公司中棘手的问题，你得到的不仅是老板的赏识，公司的同事也会对你刮目相看，他们只会钦佩你，不会因为你有过人的能力而对你反感。

马青毕业于某大学计算机系，但是她对计算机不怎么感兴趣。毕业后，她进了上海杉美化妆品有限公司做网页设计和网站维护工作。因为工作较为轻松简单，在空余时间她接触了一些策划方面的东西，从此一发不可收拾，渐渐对此产生了浓厚的兴趣。她通过自己的摸索、学习，以及向公司策划部的人员请教，策划方面的能力有了很大提高，后来她已经能够独立进行一些活动的策划。

一次，公司要搞一个比较大的项目，眼看着就要到开展的时间了，但是策划部给的方案却频频被否决。迫在眉睫之际，马青想要自己试试，在仔细研究了任务书之后，她按照自己的想法做了一个策划。第二天，她拿着这个策划稿来到了总裁的办公室："您好，我知道公司这次的策划案出了很大的问题。虽然我是一个门外汉，但我还是希望能够帮助到公司。我做了一个策划案出来，不知道能不能用，希望您抽出时间看一下。如果刚好能够用的话，我希望能去策划部工作。"马青忐忑不安地等着总经理看完，没想到总经理看后喜出望外，后悔没有早点发现公司中的人才，于是让马青以策划稿为蓝本，负责这次策划任务。在活动结束后，马青如愿以偿地被调进策划部。

马青的毛遂自荐让管理者很好地了解了自己，也让自己终于有机会尝试真正感兴趣的工作。毛遂自荐的行为能够让作为中层管理者的你和公司都获得利益，即使自荐之后你没能够取得成功，也不会有什么损失。你会更真切地认识到自己的不足，这会成为你工作的巨大动力。

毛遂自荐的方式有很多种，但总的来说可以分为三类：第一是以书面的形式向企业领导推荐自己；第二是直接找到领导进行面谈，在谈话中向领导述说自己的能力；第三就是用自己的行动和优秀的成绩潜移默化地让领导认识到你的才能。

有些人也确实具备一定的能力，但是经过毛遂自荐后却没有得到很好的效果，这就需要你在向上层领导推销自己的时候注意些方式。

首先，不要夸大自己的能力。在向上层领导推销自己的时候，一定要说出自己的真实能力，不要为了取得领导的称赞而去过度吹嘘自己的能力。否则，领导一旦交给你超出你能力的任务，而你却不能很好地完成，这时领导肯定会对你的能力进行否定，甚至会觉得你喜欢说大话、不值得信任。

其次，要有证据来证明自己的能力。在向领导推销自己的时候，不要只限于口头说说，最好用证据或者是书面材料来对自己的能力加以证明，因为往往事实是最能说服人的。例如：在向领导推荐自己计算机水平的时候，计算机等级证书是最能说明自己的能力的；在向领导推荐自己具备软件设计能力的时候，自己做出来的软件最有说服力；在向领导说明自己有较强的写作能力的时候，曾经发表的文章最具有说服能力；等等。

如果你有独特的并且达到了一定水准的才能，如果你有新颖的并且具有足够操作性的想法，如果你能够为你所隐藏的才能买单，如果你想成为一个卓越的中层、明天的高层，那么，不妨再勇敢一点，现在就行动，敲响老板的办公室，目光穿过宽阔的办公桌，用你最自信的语气说：我是来毛遂自荐的。

你本身有某项别人还没有发现的能力，在公司需要这种能力的时候，不妨主动点，毛遂自荐，使自己的才能不被埋没，也让上级看到你的优秀，又为公司帮了一个忙，真是一举多得。

## 最拽的那个，往往是第一个被淘汰出局的人

每个公司都有很多不同的部门，每个部门又都有各自的经理或主管，所以这就让你有了很多的平级同事。在平级的同事中你是最出色的吗？如果是，那么先恭喜你，但是接下来还要提醒你，做最出色的固然好，但是不能做最目中无人的一个。

你要是目中无人，说明你比较自大，盲目地自信。这样的结果是，你的自大与盲目会掩盖你的才能，你的同事会挤对你。如果不是，那你就更不能目中无人了，因为那样的话，你是无知的，更容易暴露你的缺点。不论你是在哪一种情况下目中无人，都不会让你在平级中受到欢迎，很有可能会使领导先拿你开刀，使出色的你发挥不出实际的才能，让出色的你失去工作。

周奎经过几年的摸爬滚打，成为济南秦鲁药业科技有限公司的中层骨干，不仅有丰富的人生经验，也有着满腹的才华，受到下属的佩服、上司的赏识。但是，他现在却是满脸愁云地坐在企业咨询公司的咨询室里倾诉着自己的痛苦与委

屈："最近，似乎我做的每一件事情都是错的，同事们看我不顺眼，老板也交给我最不好的差事，我明明做得很好了，还要鸡蛋里挑骨头找我的错误，我实在是不明白这是什么原因。"

为了更好地了解他的情况，咨询公司就派一个人跟随周奎到他的公司，跟随他工作了几天。这个人回到公司说明了一下周奎的情况，咨询师明白了，对周奎说："你犯的错误就是在平级同事中太冒尖儿了。你的确是有才能、有经验，做起事情来很有把握，也很有成果，但是你不能轻易地就否定同事们的意见，对他们在工作中取得的成果也不以为然，什么都认为自己是最好的。这使你失去了他们对你的信任，他们甚至还会记恨你。你的老板肯定是接到了针对你的很多意见，所以他对你的看法改变了。你应该尝试着改进一下自己的工作方式了。"周奎听了觉得还是有道理的，就回去试着改变，不再那么目中无人，而是试着去接受别人的意见，果真，同事们对他的态度不一样了，老板也渐渐恢复了平日里对他的态度。

周奎做了最目中无人的一个，得到的后果是，平级同事和老板都对他不满。做最抢眼的一个，往往是接受目光最多的一个，但这时也是最能出现错误的时候。你做错了，会比同样做错这样事情的人更显眼，你做对了，却比同样做对这样事情的人的功劳小。因为你在别人的眼中是"优秀"的，你应该要比他们强，这是你留给他们的印象。

要使自己不做最目中无人的一个就要注意自己的职权范围和工作职责，还要处理好与平级同事的关系。在平时的工作中不要随意给你的平级同事帮忙，随意帮忙会造成你越权，把不该你做的事情也做了。也许你是一片好心，但是很容易被你的平级同事误会，会给他们你认为他做不好自己的工作的暗示。任何人得到这种暗示的时候，都不会舒服，也不会领你的情。

在你部门的工作忙不过来的时候，不要轻易把其他部门的员工调到你这里来帮你做事，尤其是在你没有和平级同事打招呼的情况下。虽然你也是公司的管理者，但是他们不在你的部门，你的平级同事才是他的直属上司。你随意调用其他部门的员工，不仅会使你调用的员工心中不满，更会使那个部门的平级同事觉得你没有尊重他的权力。

在公司中，你可能会有几个关系比较好的平级同事，在你需要他们帮忙的时候，不能因为你和他们的关系好，就觉得他们可以随意地"呼之则来，挥之则去"。把你们的好关系放到工作之外，不要卷到工作之中，否则你的平级同事兼朋友，就会觉得你不把他放在眼里，一不小心就会让你们结怨。

虽然是在同一个地方、为同一个老板工作，但是在平时的工作中难免会出现有损其他部门利益的情况，这时候要正确地对待平级同事对你提出的意见，不能认为只有自己部门的利益才是最重要的，要与你的同事在相互理解和沟通中解决问题，切忌不可一世地对待出现的问题。你的这种目中无人会让你在以后的工作中尝到恶果。

总之，在和平级同事的相处中，一定不能盲目自大，做最目中无人的那个，那样做的后果是你在老板和同事眼中里外不是人，往往是第一个被淘汰出局的人。

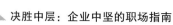

被同事戳脊梁骨的原因可能就是你太傲气了，你的优秀会引得别人眼红，不要太把自己当回事，做人低调一点才不招人挤对，才能跟同事更"哥们儿"，工作起来才会更得心应手！

## 协调好家庭和工作的关系，抓住眼前的晋升机会

中层在公司中肩负着比一般员工重的责任：要对员工负责，要对

自己的部门负责，还要对公司负责。员工们走了，你可能还要留下来做明天的工作计划；员工们加班，你也要跟着，他们不走，你就不能走。基本上，在一个公司中，中层是走得最晚的一类人。所以，你在公司的时间会比在家的时间都多。

同时家庭中也有你要承担的义务和责任，在他们寂寞的时候需要你的陪伴，在他们遇到困难的时候需要你的帮助。这时候，如果你正好在公司中忙着，你要怎么选择呢？是放弃工作去帮助家人还是不顾家人继续工作呢？放弃工作会让你不能按时完成任务，你的缺席也会让你失去一些宝贵的时机，如果是在关键时刻，很有可能就让你丧失了晋升的机会。而你不顾家人，就会让你失去亲情、爱情，甚至更多。

对中层来说，如何协调好家庭和工作的关系是一门学问。任何一方面处理不好都会是很烦恼的事情，下面故事中的苗平就是因为没有处理好这两方面的关系，使自己没有抓住眼前的晋升机会。

苗平是一家公司人事部的经理，有一个很要好的女朋友。经过几年的相处，俩人准备走进婚姻的殿堂。但是这段婚姻却遭到了苗平父母的极力反对，他们认为苗平的女朋友相貌平平，学历平平，和他们的儿子很不般配。苗平每天晚上回家都会听到两位老人"苦口婆心"的劝慰，告诉他两个悬殊太大的人走到一起的后果有多严重。虽然知道父母是为自己好，但是苗平还是想坚持自己的想法，却又不想伤害父母。所以他的心情很差，上班的时候，愁眉紧锁，见到人也不愿意说话。下属们有一点做不好，他就大发雷霆，下属们都对他有很大的意见。当时公司内部正在进行副总的选拔，本来苗平是很有机会的，他年轻、有能力，深受老板的赏识，但是，因为最近家里的事情让他在最后的投票表决中失去了晋升的机会。

苗平的经历让人同情，但是又让人不得不反思。把家庭情绪带到工作之中，把受的委屈向下属头上撒，不仅不会缓解家庭给你的压力，还会破坏你在公司同事和下属中的形象，使你因为工作上的变化受到老板的质疑。因此，只有正确地协调好了工作和家庭的关系，才不会使你的"后院"失火，使你的后院支持你的工作。那么如何协调好工作与家庭的关系呢？你要注意以下几点。

首先，你要向你的家人简要地说明一下你的工作，让他们知道你因为什么加班。在你没有按时回家的时候，不要让他们为你着急。在你遇到工作和家庭相冲突的事情的时候，要分清楚轻重缓急，选择比较紧急、关系利益比较大的去处理。如果因为工作紧急，你可以让你比较信任的朋友去帮你解决家庭问题，这样能让你比较安心地投入工作中，不会因为一点小问题影响到工作。如果是家庭有突然的变故不得不回去处理，你可以向老板说明情况，把工作暂时交给其他同事，家庭的平安、健康，会让你工作起来更加有精神。

其次，你要给自己设立一个合理的时间计划，让自己不会因为把过多的时间投入工作，而忽略了家人的感受，也不会因为用过多的时间处理家庭的琐事，耽误了工作的进程。这对女性经理来说尤为重要。女性经理在家庭中承担着比男性经理更多的责任，要更多地照顾老人、孩子和丈夫，在工作中会很容易有家庭琐事的影响。制订时间计划会时刻提醒中层经理们应该做什么。

再次，你要有充分的自信，并懂得如何释放压力。自信会让你得心应手地解决工作和家庭中各种困难和压力，也是你协调工作和家庭的基础。无论是你在工作中还是家庭中遇到了压力，你只有在懂得释放它们的时候才不会让它们随时影响你的工作和生活，使你处在被动的地位。

最后，及时和老板沟通。在你的家庭出现问题的时候，你要及时和老板沟通，让他了解你现在的情况。这种沟通会让老板按照你的情况给予适当的照顾，调整你近期的工作。这样不会给老板留下什么不好的印象，反而会让他觉得你是在为公司考虑，承受着家庭问题的巨大压力，是不会做不好工作的。

工作和家庭是相互矛盾的，但是又是统一在一起的。工作顺顺利利，在保障家庭收入的同时，也会让家人欢乐，反之，则会导致工作和家庭两相误。所以，要想你的事业蒸蒸日上，就先从协调好工作与家庭的关系开始做起吧。

家庭是你在工作之余必须要兼顾的一方面。但是，如果家庭和工作协调不好，就会让你的工作一塌糊涂。面对着大好的晋升机会，更要处理好二者的关系，不能让家庭拖你晋升的后腿。

## 把野心藏在心底，在目前的职位谋好政

不想当将军的士兵不是好士兵，但光想当将军的士兵也不是好士兵！中层管理者距离老板的位置只有一步之遥，正是因为这一步之遥，往往让你和老板的关系很微妙。

或许，你拥有过人的能力、超前的眼光和很高的工作水平，但是这些你只可以表现在平时的工作之中，在和老板交谈的时候，一定要注意自己的言行举止。如果你在老板面前总是夸夸其谈，大有要超越老板之势，你就不可避免地成为老板眼中想要"篡位"的危险人物。试想一下，有哪一个老板会希望被自己的员工替代？

你无意中的言谈举止表现出你有野心，一旦被老板发现，你就会成为他眼中的"危险人物"。老板肯定不会漠然处之，他会采取一些措施保护自己的位置，明里暗里地对你打压，说不定过不久，就会给你定一个罪名，把你从重要的位置上调走，给你一个有名无权的职位。

范坤从小就有当老板的梦想，大学毕业之后，进入一家

房地产公司从最基础的做起。经过几年的打拼，他磨炼了自己，身上已经具备了做一个老板的素质。身为项目经理的他，在工作中努力做到最好，为自己也为公司赚取了不少的财富。但是，范坤有一个致命的缺点，那就是喜欢把自己的成绩和理想拿出来说，还会让旁听者给他看看，他离自己的目标到底还有多远。

一次，范坤完成了一项重要的任务，到老板的办公室去做汇报，老板对他的工作很满意，直夸他做得好。汇报结束之后，范坤很想让老板给自己指点一下，就对老板说："我真的很谢谢你，要不是你这些年来对我的栽培，我是不会有今天的成就的。我从小就梦想着自己当老板，你说我现在的能力达到做老板的水平了吗？"他老板先是一愣，接着说："不用客气，你非常优秀，当老板应该没问题的。"这时老板的手机响了，就借机和范坤说："你先出去吧，我们改天再聊。"令范坤没有想到是，从那以后，老板对他的态度完全改变了，总是给他出难题，对他的工作也总是指指点点，非常挑剔。范坤也是有苦不能辩。一个月以后，老板就随便找了个借口，把他调到了后勤部。

范坤对老板说那番话的时候，肯定不会想到有这样的结果，他只知道那是自己的理想，却不知道自己的理想已经给老板造成了潜在的威胁。虽然他是说者无意，但老板却是听者有心。老板把范坤的话当成了他对自己的公开挑战，从中看到了自己下属的"野心"。为了保住自己的位置，老板当然会对范坤打压到底，直到他不再对自己有威胁。

有野心确实是一个成功者必须具备的素质之一，但是，这个野心在公司中最好不要强烈地表现出来，要内化为自己心中的目标。这种内化的处理方式会让你在公司中处于安全的位置，还可以利用公司中的机会锻炼自己，以待蓄势而发。如果你总是在老板面前晒自己的野心，你的处境马上就变得危险起来。因此，在老板面前还是"糊涂"一点比较好，"功高盖主"只会让你在不知道自己做错了什么的时候，就被无情地"处决"了。

因此，在老板面前，你无野心则罢，如果有野心，而且野心危及了老板的利益时，就要把自己的的野心深埋心底，默默地为自己的野心做努力。即使你的能力已经超过了你的老板，在他面前也要做到大智若愚，他给你的意见和建议要虚心地接受。认为老板做得不对的时候，不要直接指出来，可以间接地引导他知道自己的错误。更不要直接告诉老板应该怎么做，或指挥老板去做什么事情。

野心家需要的是养精蓄锐，而不是嚣张跋扈，如果你有当老板的野心，就在公司中到处拉拢同事和员工，告诉他们你不久的将来会成为老板，这样做的后果是你永远都不可能把你的野心变为现实。

平时的工作中你要让老板知道，你是在真心实意地为他、为公司工作，没有其他过分的想法。只有在老板认为你不会对他产生威胁的时候，才不会对你设防，你在公司中层的处境才不会危险。只有这样你才能为实现自己的野心打好基础。

作为中层只有清醒地知道自己的野心对老板产生的威胁，并采取掩藏自己野心的措施，才会让你在公司中安全。

野心可以推动你的进步，但是同样也会让老板把你当成是威胁他地位的"危险人物"。野心要藏在心里，先在目前的职位上谋好目前的事，你才不会受到打压，否则，帮助你成就野心的事业将会夭折。

## 创新是最大资本，也是中层获得晋升的秘诀

美国《商业周刊》在 2000 年出过一本特辑叫《21 世纪的公司》。

这本书的核心观点就是，21世纪的经济是创造力经济，创造力是财富增长的唯一源泉。在这一时代背景下，公司不仅仅需要能够按照各项规章制度，完成固定任务的"保守型"中层管理者，还需要更多具有创造力的中层领导，他们所创造的价值会超过许多一般性中层领导的总和，借助他们的作用公司才可以始终保持与时代变化一致的脚步。

"保守型"中层，每天只是循规蹈矩地完成自己所应完成的任务，不会去承担其他更多的责任，更不会去主动学习一些新的知识。他们忽略了环境的变化，总是用一些老的思想和观念意识，去指导自己的行为，最后难免会出现许多与时代脱节的情况，甚至因此闹出许多笑话。

"创新型"中层管理者始终保持活跃的思维，他们从不中断对外界环境的观察，他们总会不断提出自己新的设想，以求能使自己的工作得到更好的开展。在他们身上，总是承载着很多变革的内容，同时在他们的推动下，公司才会取得更好的成绩。

世界总在不断发生着变化，为什么我们不让自己的意识也随之改变？从旧模式转变到新模式，以全然不同的新方式、用全新的视角去思考原有的问题，才能寻找到最好的解决办法，才会为自己的职场晋升找到最好的道路。

对于中层管理者来说，他们所面临的管理环境总是在不断发生着变化，内部有组织结构与员工状态的变化，外界有市场与技术条件的变化，只有认识这种变化，观测这种变化，才能让自己的管理抉择始终保持应有的适用性。如果忽略了外界环境，只是过分追求相同的方法曾经在历史中产生过何种作用，那么他的方法产生不适应性，甚至闹出笑话都是完全有可能发生的事情。

创新精神是一个人一生的最大资本，同时也是现代企业中许多优秀中层管理者获取成功的秘诀。在比尔·盖茨看来，过去几十年社会取得的种种进步，都是源于人类自身的一种无法预测的创造力。对于一个"保守型"中层占据多数的公司来说，它可能善于维持现状，但从长远发展的角度来看，它则有被时代淘汰的危险；对于一个"创新型"中层占据多数的公司来说，管理者的行为有很大冒险性，甚至有时让人不可理解，但是对于长远发展而言，必然会产生最有利的推动作用。

本田公司在日本国内雄踞行业老大地位，在世界范围也是首屈一指的品牌，在行业中享有极高的知名度。它今天能取得这一切成就，首先要归功于它的创始者本田宗一郎先生。

20世纪70年代初，本田摩托在美国市场正畅销走红，这时，本田宗一郎却突然提出转战东南亚市场的经营战略，倡议开发东南亚市场以对美国市场进行替代。

这一时期的东南亚经济刚刚起步，生活水平普遍较低，摩托车还仅仅是人们敬而远之的高档消费品，因此许多人对他的经营策略感到非常不解。

本田对此这样解释："美国的高增长经济即将进入衰退期，相应地，其摩托车市场即将面临低潮。如果只盯住美国市场，一旦市场行情发生变化，便会损失惨重。东南亚经济虽然处在起步阶段，但已开始腾飞，前期做好开拓准备，当市场飞速发展的时候，我们也能获得最有效的推动。未雨绸缪，才能处乱不惊。"

一年半后，正如本田宗一郎所预测的那样，美国经济形势急转直下，许多企业的产品滞销，而在东南亚地区摩托车开始走俏。本田公司最终因为已提前一年实行创品牌、提高知名度的经营战略，此时发展如鱼得水，公司经营未受影响，还创出销售高峰。

本田宗一郎是一个不墨守成规的人，他从不满足企业现有的经营现状。在人们还满足于今天良好的销售情况的时候，他已经能够为未来的发展做出打算。虽然东南亚市场经济只是刚刚起步，但本田宗一郎已经能看到它未来发展的可能。正是他独到的眼光以及锐意进取的精神，使得他能够未雨绸缪，为公司发展指出最正确的那条道路。

对于我们这些中层管理者来说，也许我们不像本田宗一郎一样，担负着如此重大的使命，但开拓创新同样是我们身上背负的使命。当我们能为公司做出更多贡献的时候，也就是逐步证明自己的价值，向着公司中坚力量靠近的时候。

在纷繁复杂的工作中，创新意识决定了中层管理者能否在岗位上实现突破，创造更好的成绩。创造性地工作，不仅可以帮助企业在发展道路上走得更远，同时也是中层管理者的工作能力、职场地位得以提升的最佳途径。优秀的中层管理者通常都会主动地争取、积极地创新，因此他们能够获得更多的机会，而缺乏创新意识的中层管理者只懂得原地踏步，在原本的基础上守株待兔。试问，无论是职位的晋升，还是发展的机会，怎么可能落在只懂得等待的人身上呢？